心靈哲學導論

蔡維民◎著

僅將此書

獻給～

父親、母親與我親愛的妻子

陳　序

　　心靈哲學並不是一個新的哲學分支，然而，它卻必定是哲學分支中最具爭議性的一部分。時至今日，並沒有一個普遍被接受的對於心靈哲學的定義。其理由非常簡單：哲學家、神學家或者是宗教思想家對於「心靈」的意義並沒有達到一個共識。尤有甚者，甚至連心靈的存在都加以否定。

　　然而到目前為止，對於心靈的存在尚未找出有經驗性的證據，這乃是事實。但是任何對於心靈存在的駁斥似乎都過於貿然。賴爾（Gilbert Ryle）和實證主義者們在他們反對心靈存在的論證上，到最後將發現一個荒謬的弔詭，那就是：他們正依賴著非經驗性的實體（non-empirical entities）來取消非經驗性的實體。這指出了一種怪誕的結論：人們既無法否定，但也無法證明心靈的存在。當康德將心靈和上帝、自由劃入相同的脈絡，亦即設準（postulates）時，他便充分地意識到了這個困難。

　　因此我們知道，心靈的存在和普通東西的存在並不相同，並且它的表現（presentation）與再現（representation）也不遵照一般物質的變化法則。有時候他表現為我們的精神（spirit），有

時候則是我們的心（heart）、我們的意識（consciousness）和我們所謂的靈魂（soul）。奧古斯丁所謂的靈魂，其意義實際上和笛卡兒所稱的並不相同；而巴斯卡所謂的心和黑格爾式的精神也並不相同。因此我們可以說，心靈是一種實在，但是是一種不可加以確定描述的實在。它以許多形態各異的形式來展現自身，以各種不同的方式來表達自己：有理性的方式也有神秘的方式。然而，沒有人可以否認這個「千眞萬確的事實」：即使我們否定它的存在，它仍然不斷地在影響著人類的生命。

到此爲止我們已經充分了解到了心靈哲學的困難。因此我們可以學學康德將這問題「擺在一旁」，或是僅僅用神秘經驗來解釋它。而蔡維民教授並不滿足於這些進路。在這部作品中，他嘗試從不同的表現方式來研究心靈。更大膽地，他希望以哲學的論證來揭開心靈的神秘面紗。在這裡，他以理性的批判來理解和表達人類靈魂力量的經驗。他一方面對於奧古斯丁、存在主義者、莊子、禪宗……等大師的作品進行研究，另一方面又對於文學和藝術（電影）作品加以分析，而這些研究都在在證明了心靈哲學的獨特性。

蔡教授的這部作品，最初乃是爲了他在淡水理工學院（眞理大學）的教學所設計，但是細心的讀者們在閱讀之後，將會很快地發現蔡教授的目標遠遠超出於此：他希望對心靈哲學的必要性與其他科學之間的關係，貢獻一份心力。

　　我相信蔡教授這一部討論心靈哲學的作品，必然會在中文學界裡留下一席之地。

國立台灣大學哲學系教授

陳文圑

自 序

你靈魂中深藏的泉水，需要噴出，需要潺潺流往海洋；

在你無限深度的寶藏，將於你的眼眸中露出。

但別以天平來衡量你未來的寶藏；

也別以譜表或量索來尋探你知識的深度。

因為自我是不可束縛、不可衡量的海洋。

別說：「我已發現了真理。」說：「我已發現了一個真理。」

別說：「我已探知了靈魂的路徑。」說：「我遇著靈魂與我在路上漫行。」

因為靈魂漫行所有路徑。

靈魂並不只朝一線而行，也不像蘆葦一般而長。

靈魂並不翼縛自己，像無數花瓣的荷蓮。

—— 吉布朗《先知》

　　文章的孕育是艱難的，面對自己所寫一張張的手稿，我開始謙卑地歌頌所有母親的偉大。為了這些文章，我似乎再一次經歷了類似博士論文寫作時的那種焦慮與壓力；當然，在作品

完成時也獲得了以往那種「高峰經驗」。感覺還不錯,也許再寫個幾本書,這種感覺會上癮也說不定。

「心靈哲學」是我採用哲學人類學、傳統形上學、知識論,以及心理分析等觀點所建構出的成果。當我在1999年於眞理大學要開「心靈哲學」這門課時,竟然找不到可以用來作教科書的著作;當時便想:「何不自己來收集整理所有相關的資料,自己來設計課程呢?」因此在籌劃教案的同時,也將上課講義一一文字化。後來內子在大葉大學亦教授「心靈與哲學」,於是常常就教學心得與內容彼此交換意見;加上一些同學上課的回應與相互激盪,慢慢讓這本書成形。在成文的過程中,我驚異地發現自己以往之所學正慢慢有意識地自行凝結,好像它們是自己選擇相關的論點與學說彼此融合。這是一種非常奇妙的感覺,知識自行篩選並自行結合,我想這就是人的天生智力傾向吧!

本書分爲十二單元,每一單元都是一個獨立的主題。但是因著其中還是有內在的相關性,所以我將之合併爲四大部分,分別是:「導論」、「大師的心靈」、「心靈重建」與「結論」。在「導論」部分,其內容含有「心靈哲學」的基本意義與任務、相關概念介紹,以及與其他學科的比較;「大師的心靈」中則介紹了中國與西方幾位哲學家或學派的思想,包括了奧古斯丁、存在主義、莊子以及禪宗,以後也許會陸陸續續再加入

別的思想家，讓這部分更為完備；而「心靈重建」部分，則盼望帶領讀者一起反省自己的「愛」觀與「超越」觀、找尋屬於自己的「心靈澄淨」之道、向「小王子」學習想像與感受，並且學會如何在電影之中找尋「心靈食物」。當然，電影與文學作品何其多，有機會將陸陸續續選擇更新更好的作品加入這個園地之中。

在成書的過程中，有一些人是絕對不可以忘記的。內子聶雅婷老師不但忍受了我一天近十五個小時的工作量，還不斷地在身旁鼓勵並提供寶貴的意見；彰化的雙親為我們照顧一雙兒女，讓我這個失職的父親得以無後顧之憂；江杰霖先生與盧永茵小姐在電影部分提供了極為寶貴的意見；還有我可愛的學生們在課堂上的回應與課後的討論。凡此種種，都是促成這本書得以問世的「動力因」。同時更要感謝台大哲學研究所的陳文團教授願意為這本書寫序，使它更具價值。

我靈魂之中的泉水，需要噴出，需要潺潺地流往海洋。這只是一個開始，在這書之中尚有許多的不足、不周延，需要不斷地更新與補強。相信所有讀者的支持與批評，將成為我新的動力，各位將是我發現真理路途上的腳前燈與路上光。

蔡維民　於書齋

二○○○年五月二十五日

目　錄

第一部

導　論

第一章　是心靈還是哲學？

請隨著我思考並回答下面的問題：

問題一：1999年有一個頗為重要的政治新聞，就是國大代
　　　　表通過任期延長案。這個結果造成了不小的衝
　　　　擊，社會討論的焦點從政治人物的操守、政黨協
　　　　商的藝術、甚至政治倫理、國家利益都有相當程
　　　　度的爭議。現在請你就下列問題脈絡來思考「國
　　　　代延任」案並說說你的看法：

1.同不同意？為什麼？

2.對於台灣政治與社會生態有無影響？對2000年總統選情
　是否已造成影響？

3.你認為贊成延任與反對延任者哪一類人道德較為高尚？兩
　者有無差異？

4.他們在「動機」上是否相同？此動機是合乎人性嗎？那什
　麼是人性？

問題二：對「代理孕母」案的看法？

1.同不同意？為什麼？

2.對於台灣社會價值觀有沒有影響？有什麼影響？為什麼你
　會如此認為？

3.你認為提供子宮者與提供卵子者兩個人在「生產」的地位
　上有何差異？誰最有貢獻？

4.他們進行這種事是合乎人性嗎？

　　其實上述這些問題不過是我在幫各位做引導，當各位努力
在尋求上述問題的答案時，已經在作哲學思考了。

　　一般人聽到「哲學」時大概不外乎三種反應：第一種是用
力拍手，然後說：「哇！好棒好厲害好有深度喔！可惜我不
懂！」然後也不太想懂；第二種是就地暈倒；第三種是露出不
解又不屑的神情：「哲學是什麼東西啊？能拿來當飯吃嗎？」
好像哲學總給人又玄妙又不切實際的感覺。哲學真的那麼深不
可測嗎？唸完哲學後除了發瘋之外沒有別的貢獻了嗎？

第一節　哲學是什麼？

　　哲學為什麼會產生？哲學因著人類「思考活動」而存在。只要有思考就有哲學，而什麼是思考呢？「思考」就是存心解決問題的心靈活動。人類之所以會思考便是因為他在日常生活中遇到了問題，必須要解決。而人類最基本最重要的問題便是「生存」。因此，我們可以就「思考」層面理解人類文明發展的歷史：

求生存 $\xrightarrow{\text{思考}}$ 克服環境 戰勝敵人 $\xrightarrow{\text{思考}}$ 經驗傳遞 技術性事物 （科學）

語言、文字、符號 （人文世界） $\xrightarrow{\text{思考}}$ 有效累積經 驗形成文化 $\xrightarrow{\text{思考}}$ 制度、法則、社會

$\xrightarrow{\text{思考}}$ 抽象表徵

　　由上面的脈絡，我們可以知道人類的文明是藉著思考來建立的。我們可以這樣舉例：原始人阿民有一次在逃避劍齒虎的追趕時，這隻笨虎竟然不小心自己撞到樹而死掉了，幸運的阿民思考著樹和死掉的劍齒虎的關係，於是發明了棍棒；在拖著這隻笨虎回洞穴的途中，發現了在圓石地上比較容易拖動，於

是開始思考「圓石」和「容易拖」之間的關係，因此發明了輪子。為了讓自己的寶貝兒子知道自己偉大的發現，所以畫成壁畫，讓兒子知道如何對付笨老虎。但是洞穴太少，壁畫太多，所以將壁畫簡化，慢慢形成符號文字，漸漸的人文世界便形成了。經驗不斷地累積、篩選、沈澱，在特定的地區構成了當地人特殊的生存習慣與模式，甚至是集體的價值觀，這便形成了文化❶，其中便有了各種的制度、法則與社會結構；甚至產生了抽象的概念與表徵，以它作為思考的對象。而當我們開始反省自己的思考對不對，是不是可以找到一個「原理原則」來統合自己的生命存在價值與選擇標準時，那就算是哲學思考了。

因此，我們可以再用一個脈絡圖來表達思考的進程：

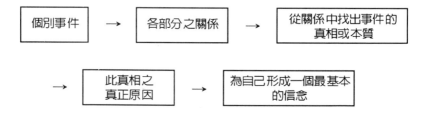

當我們遇到一個個別事件，使我們感受到了問題時，我們會思考此事件中各形成因素的關係，在這些關係之中找出造成這事件的真相或主要原因。不僅如此，還要就此「真相」進行分析，找出一個規律，然後根據以往的習慣及規律，為自己形成一個基本信念。

　　當然，如果就以上述的內容要交代哲學的意義，絕對是不行的，因為不稍微跟隨傳統方式說明哲學意義的話，那麼我的專業素養必定會遭到質疑。什麼是哲學呢？哲學的英文是philosophy，拆開來便是philia（愛）與sophia（智慧），故哲學便是「愛之智學」。

　　什麼是愛呢？按照希臘文字對「愛」的分別有四種：Eros（肉欲之愛）、Storge（親情之愛）、Philia（真理之愛）、Agape（神聖之愛）。在此所指的是第三種的「真理之愛」。這種愛指出了一種關切的、認真的、忠貞的、傾注的態度，這種態度指引著我們追求這個對象，直至與它合一；至於什麼是智慧呢？它不是經驗，有的人擁有許多罪惡的經驗，但我們絕不會說他有智慧；它也不是知識，有的人知識豐富但整天憂愁，我們也不會認為他有智慧；他更不是聰明，聰明只是一種天賦能力。那什麼是智慧呢？我認為，智慧便是能明瞭自我、他人及外物之正確關係，由此體悟真正的價值，洞察事、物之本質，而達到自我定位的能力與境界。合起來說，所謂「哲學」便是以最關注、熱切而不變的態度來追求所有事物（人、我亦是）「是什麼？」「何以如此？」「對我的意義？」的學問。

　　讓我們回到原先的問題：哲學很玄嗎？哲學不切實際嗎？我相信現在讀者可以提出看法了。當我面對一件事物，我想探求「那是什麼」、「對我有何意義」、「我如何看待它」，從而建

立適當關係，一直到自己生命獲得和諧圓滿爲止。這是很重要、很實際的工作啊！

第二節　心靈的意義

「心靈」的希臘文意是Psyche，德文爲Seele，英文記作Mind或Soul。就哲學性的探討中，它至少有四層意義：

1. 指一切心理過程或心理事實，亦即僅由個人可意識到的主觀事實。
2. 非理性的經驗：愛、恨、喜悅、感動、驚愕……等。
3. 泛指生命之根源：可稱爲「魂」——Soul。
4. 狹義的精神活動根源：可稱爲「靈魂」。

而從西方哲學史觀點理解「心靈」之意義時，大部分的哲學家一般都以「靈魂」來理解。因此，所謂「心靈哲學」所探討的重點便是「靈魂是否存在，靈魂是否會毀滅」——唯物論與唯心論；「靈魂有什麼特性」——哲學心理學；「靈魂與肉體如何結合，靈魂對人的意義」——哲學人類學；「靈魂有何功用，靈魂的活動」——認識論與倫理學；「靈魂的超越性」——理性神學……等等。到最後「心靈哲學」之研究與「潛意

識」或「超意識」結合，又成為今日「心理學」研究的主題之一。

　　然而就我個人而言，我認為所謂「心靈」是「所有精神活動的主體，與精神活動之總和」。為什麼「心靈」是一種「主體」呢？因為任何行動都一定有行動的發出者，如：愛、打、渴望、感動……等。不可能沒有發出動作的主體就有這些動作；但是我們能看得到這個主體嗎？就算把「心」挖出來，把「腦子」取出來，所看到的不過是令人作嘔的器官而已。我們是藉由「活動」來認識主體的。我們知道某人愛我，是因著他的諸般行為，我們將之歸納比較整合而得來的。沒有活動，我們便無法覺知主體，這是必然的真理。

　　心靈的活動有哪些呢？我們可分為意識活動：理智活動與意志活動；潛意識活動：夢、想像、宗教性的出神等；超意識活動：預知、神通等。不過本書主要在為各位解釋意識層次的諸概念與諸活動，並協助各位有效地掌握並知覺意識層次的諸活動。因為唯有能掌握自己意識層次的所有官能，我們才有可能有效地覺察自己的潛意識層次，並完全開發自己的能力邁向超意識。

　　故我們仍然需要累積知識，學習前人的智慧。但是我們不是要學習答案，而是要學習方法。因此，和一般知識不同的，是「心靈」層次的知識不只是用「唸」的，更要用「做」的；

不只是用「分析理解」的，更要用「感受領悟」的；不只尋求
一個規則，更要打破超越這個規則。重要的是：從現在開始，
各位須試著開啓自己的想像力，不要把許多事情視爲理所當
然，賦予事物新的解釋與定位；加強自己的觀察力，在各種習
以爲常的事上加入一些纖細的心；常常學著自我反省，時常保
持思想的純淨單純，努力去體認自己心中的意向。各位的心靈
必將豐富、各位的情感必將細膩，而各位的思想必將睿智。

第三節　反省台灣人蒙塵的心靈

　　今天在台灣，相信大多數人都會承認這個社會的確已處在
一個混亂破敗的狀態。社會秩序混亂，黑槍、黑道、綁票勒
索、暴力飛車、毒品氾濫；經濟秩序混亂，連續幾次的金融風
暴，退票率年年升高，經濟犯罪的質與量都大幅提升；政治秩
序混亂，賄選成爲正常，關說是社會生存必備技術，政客的私
利導引著人民福利及國家政策；道德價值混亂，金錢功利至
上，爲了賺錢而不擇手段，財富地位成爲衡量人品之新標準，
高離婚率，犯罪年齡降低；生存環境破敗，污染、噪音，野生
動物銳減，水土破壞。台灣土地病了、台灣人病了、台灣社會
的一切都病了。「有識之士」開始呼籲各種拯救的方法，其中

最廣被宣傳也最爲一般大衆所接受的說法便是「讓宗教淨化人心，讓宗教改革社會風氣」。基本上，我同意這個說法具有某些意義。但是，我也深深懷疑：今天台灣的宗教，包括佛、道、民間宗教、基督教、回教，以及所有可以搬得上檯面的宗教，眞能淨化人心，改革社會風氣嗎？

　　就我對「宗教」的理解，宗教雖指涉到了所謂的「神聖」（The Sacred），但社會上的宗教畢竟是一種「社會體系」。宗教體系包含了神聖事物、人以及部分社會。其基礎在神聖事物與人的相互關係上。由此人可展現出其行爲模式及宗教現象。但社會環境對人是有影響的，當人受外在環境影響，而以功利、自私、不純粹人性的一面來面對神聖事物時，兩者關係便會改變，同時其外在行爲模式及宗教現象也會改變。當然，人也可能會受宗教影響，而在不斷自我超越的過程中同時改變並影響了社會。所以，人和社會是相互影響的。人對「神」的認知與詮釋常常是形成一個宗教的基礎，而認知與詮釋的基礎又是人的「心靈」。因此，「心靈改革」事實上便是「社會改革」的重要基礎，這是無庸置疑的。

　　吳豐山先生曾寫過一本《台灣社會心理改造論》，其中他認爲台灣人普遍存在著以下問題：對政治的不當諂媚與不當畏懼、好大喜功、盲目媚外、極端個人主義、務虛不務實等（吳豐山，1985）。李喬在其《台灣人的醜陋面》中更披露了台灣人

缺乏自知之明、缺乏自我認同、缺乏自我接受、缺乏自尊自重、缺乏自我開放等（李喬，1993，頁219～220）。此外，柏楊、連根藤等都有專著探討台灣人的心靈蒙塵諸現象。他們都指出了某些事實，也針對這些事實提出了他們的看法。李震教授在其〈從宗教信仰角度看台灣社會與心靈的改革〉中有一段話相當有意義：

> 「有形可見的犯法、犯罪行為遠不如產生罪行的無形根源可怕。在諸多犯罪事件及道德敗壞的現象背後，隱藏著無數的自私、貪婪、傲慢、嫉妒、仇恨等與本善、向善之人性作對的劣根性。當人不知善用理智、自由意志、靈性之光等善行及向上衝力去抑制並輔導那些劣根性，孟子所說之人性與獸性間的『幾希』差別便會受到摧殘而泯滅。」❷

我個人認為，台灣人心靈之「塵」在於不自知且不願自知。因為不自知而無法找到自己台灣民族文化的意義與定位；因為無法找到自己的意義與定位而不能認同自己、接受自己、尊重自己；更因此缺乏自信心，而只能藉由外在物質文明的追求與優越成就來自我認同；最後更因為只會追求物質科技的進步而物化別人，也物化自己。有人將社會亂象的所有罪過完全歸咎於社會組織權力結構的不當，認為只要外在改變了，人心

必然可以跟著改變，那是太過天眞也太不負責任的看法。因爲對於科技的認知與詮釋的權力仍然歸屬於人的心靈認知。心靈不健全的人不可能造就出健全的社會；當然，社會結構的強勢同樣不可忽視。因爲科技社會的成就程度雖然滿足了人的物質需求，相對地也減低了人的自我反省能力。

　　我所要強調的是：今天我們若要改變當前台灣社會的現狀，光靠改變外在政治經濟社會之結構是不夠的。因爲若心靈意識沒有改變，就算改變了結構，但推動新社會的分子其意識不變的話，還是會造就出舊的社會形態；當然，只想藉由改變人的心靈意識而建立新社會，不去管社會結構，同樣行不通❸。關係的兩造都是永無終止的過程，唯有兩方一起改變改革，眞正和諧的社會才能有效建立。

第四節　心靈哲學的任務

　　探討了台灣人蒙塵的心靈，當然要尋求滌淨之道。從一開始對「哲學」與「心靈」意義的探討中，我們得出所謂「心靈哲學」是藉由探求：「所有精神活動的主體，與精神活動之總和是什麼？」「這些精神活動對我有何意義？」「我如何看待它們？」從而建立適當關係，一直到自己生命獲得和諧圓滿爲止。

　　人類的心靈是美麗的。當然，在我們要接觸這些美麗之前，可能必須先打開包覆在外的不完美。也許不好打開、也許打開了一層還有一層。常常要追求完美之前，需要有很多的毅力與決心去衝破之前的不完美。有許多人在過程中放棄了，也有許多人是以不完美的方法衝破這些不完美，然而在追尋心靈澄淨的過程中，不完美的方法是絕對得不到完美的結果。面對台灣人的心靈或自己的心靈也是一樣，在台灣人的胸膛中就是有顆美麗的心，只不過蒙塵了。我們要「除塵」，就是先滌淨自己的心靈，並藉由共同生存的空間與共同建構的獨特台灣文化來切入、關心他人的心靈。為了避免中途放棄而前功盡棄，也避免因方法的錯誤而失敗，所以必須在我們的心中植入一個可以不斷產生能源的「心靈發電機」。一方面可以源源不斷產生動力，不致使我們放棄改造；另一方面也可以根據自我心中的美好心靈，作為標準，以衡量所有紛亂雜陳的生活資訊，能夠有能力去選擇與批判。

　　「心靈發電機」的建立與植入便是「心靈哲學」的任務。當我們努力擴大存在的圈子，想要為更多人服務時，可能都會碰到這樣的危機：掏空自己！換句話說，當心靈在服務的過程中不斷外在化，當接觸了各種外在不同的關係後，會漸漸失去存在的深度，變得貧乏而空虛。我們想要給別人，卻因為自己的缺乏而給不出來！這種危機在「老師」的身上最為明顯。原來

應該是接觸愈多吸收愈多，自己愈充實；存在的圈子愈大，交融後的內在活力與動力愈豐富才是。為什麼會反而萎縮了呢？

原因我似乎已經提示出來了。這是因為接觸而沒有吸收、圈子變大卻不彼此交融的緣故。因此我們將一起建構模式，一起建構個別屬於自己的心靈美學觀。我們將藉由基本概念的介紹來找出心靈哲學的內在要素與意義，就好像先取得製造發電機必需的零件一般；接著再與其他相關學科作比較，找出心靈哲學與其他學科相同或不同的地方，就好像我們必須清楚已經取得的零件應該做成什麼樣基本的形式，這個發電機與其他機器有何異同；接著我們將從許多心靈哲學大師那兒收集不同的設計圖，找到他們的設計理念與精神，然後選擇一個或是組裝成一個最適合自己的設計藍圖。

有了機器，也需要動力。這個「動力」便是「心靈食物」。從宗教、從書本、從愛、從電影，我們要一一尋找心靈菜單，並且反省以往的食物是否真正有益於自己的心靈。除此之外，我們還得學著怎麼自己維修這台發電機，如何自己調整，隨時讓自己保持最和諧的心靈。

這樣的探討到底是屬於心靈還是哲學呢？其中有哲學的推理與演繹，也有心靈的感受與默觀。無論如何，我們是以「自我的心靈」為起點，讓它漸漸擴張，以至於可以包容世界。克里‧威索在其《火魂》有這麼一段話：

「世界是如此蒼茫遼闊，我應從何開始？就從我最
熟悉的祖國開始吧！然而，祖國又是如此廣闊無邊，
還是從鄉鎮開始吧！但鄉鎮卻是如此廣袤，改從熟知
的街巷開始吧！不！還是從我的故鄉開始。不！還是
從我的家開始。不！應該從自我開始。」❹

梭羅在《湖濱散記》中認為一般人在離世之前都未曾好好
活著，因為缺乏對自己與他人生命應有的尊重。重視自己、找
回自己、傾聽自己，請自己架設屬於自己的心靈發電機，為自
己源源不斷地注入滌淨心靈的能源；也藉著隨時保持乾淨的心
靈，能產生豐沛而純淨的人際關係，進而協助他人、改造社
會。

問題思考

1.你認為心靈是什麼？心靈哲學又是什麼？

2.「自知」的起點是什麼？你是否具備了這種能力？

3.心靈哲學的任務是什麼？你認為「心靈發電機」的設置是有必要的嗎？

推薦書目

1.克魯格（Brugger Walter）編著，項退結編譯（1976），《西洋哲學辭典》，台北：先知。

2.岩崎武雄著，郭二民譯（1998），《開啟思維的窗》，台北：世界觀。

3. M. 李普曼著，楊茂秀譯（1979初版，1986四刷），《哲學教室》，台北：學生。

4. Phil Cousineau主編（1998），宋偉航譯，《靈魂考》，台北：立緒文化。

註　釋

❶當然，文化的意義不是那麼簡單。「文化」是歷史運作的成果，是「某一個民族展現其特殊生命創造力的歷程與結果」（沈清松，1986，頁455）。它是人類理智發展的符號性產物——包括語言、文字、藝術、道德、價值觀……等，這些產物展現在此民族所有生活的面向之中；而且由於其「特殊的生命創造力」，產生了特殊的意義取向，也因而產生不同的結構，而使此民族不同於其他民族。所以我才會強調「特定的地區」。

❷李震教授所撰一文收錄於何福田主編（1997.8），《人心有愛：八方會診愛台灣》（台北：正中書局）中。我所引這段話見該書頁166。

❸弗洛姆 E. Fromm 以「社會性格」和「社會結構」兩者之辯證關係來描述更，為清楚。詳見其所著，孟祥森譯（1989.6初版一刷；1990.11三刷）《生命的展現》，台北：遠流，頁158～159。

❹此段話摘自Leo F. Buscaglia著，麥欣譯（1992），《追求完美的人生》，台北：桂冠，頁3。

第二章　「心靈」的哲學反省

　　在第一單元中，當我說到「心靈是什麼」時，曾說過「心靈」是「所有精神活動的主體，與精神活動之總和」。基本上，這是屬於哲學性的定義。到底「心靈」是什麼？除了哲學之外，其他的科學是否曾處理過「心靈」領域的問題呢？若有，則結論是什麼呢？心靈哲學與其他科學有相關嗎？我們到底應該用什麼角度去看待它呢？以下我將就現代「精神醫學」、「心理學」，以及「哲學人類學」的角度，分別審視它們與「心靈」的關係，並再次反省「心靈」是什麼。

第一節　「心靈」與精神醫學

一、精神醫學的意義與發展

　　精神醫學是以「生物醫學」為基礎，探討人類正常或病態的行為表現。五〇年代至六〇年代末期，以美國為首的精神疾病診斷系統，將所有的精神疾病皆命名為「反應」（Reaction），如「精神分裂反應」、「憂鬱反應」等。認為精神症狀是患者對壓力的「反應」。但是在醫學上，普遍認定精神分裂症是一種病，是患者在體質上「生病」。在這種定義之下，「壓力」也只是促成其「發病」的「促發因素」，而不是「病因」。一般而言，精神疾病中較嚴重的「精神病」，主要是生物因素引起。因此，討論精神疾病的病因，須考慮患者體質上的「生物因素」，以及和環境、壓力等外在現象相關的「心理社會因素」。

　　「精神醫學」顧名思義便是對精神狀態產生異常，以及因精神狀態的緣故造成生理病徵的人，進行醫療研究並治療的醫學。在十九世紀前，有關這方面的研究還只是放在「生物醫學」的層面，認為精神問題是導因於身體細胞構造的損傷而引發器官機能障礙所造成，即所謂「器質性病因論」。這種說法一直延

續到二十世紀初，後來因為實在有些精神症狀找不到生理病的因素而停滯；同時「心因性病因論」在心理分析學派帶領下盛行一時，而儼然成為主流。而後因為鎮靜劑的出現，特別是像chlorpromazine這種強力抗精神病劑以及遺傳工程的進展，使得「精神生理學」再度被重視，而且與「心因論」結合而成為所謂的「綜合論」（Holistic View）。「綜合論」中，在舉凡遺傳、教養、生活環境、心理問題、身體狀況、社會背景等，與精神疾病之發生有關的因素，都成為研究對象；而只要對治療有用的因素，如藥物治療、作業治療、心理治療、團體治療、情境治療……等等，都在運用之列。我們可以說今日的精神醫學研究已包含生物學、心理學與社會學三大領域了。

　　我在本節所提的「精神醫學」主要是針對「生物性精神醫學」而言，即在本節之中，我所重視的是「心靈」是否能歸類於生理所引發的精神現象之中。

二、「心靈」與精神醫學的關係──心靈與遺傳

　　對精神醫學來講，「心靈」是個很難歸類的名詞，因為它既不是一種「器官」，也不是一種「機能」或「狀態」，由於無法具體歸類便難以下定義，更因無法下定義便不知如何研究之。因此「心靈」一詞便被摒除於精神醫學的研究名單之外。他們可以研究智力、癡呆、語言障礙、異常行為等可以量化並

測量的現象與狀態，但是無法測量心靈。因此我們幾乎可以斷言，「心靈」的理解是無法以精神醫學的方法與術語有效地說明。

　　但是這並不代表精神醫學對「心靈」的理解從此永遠無法達成。相反地，精神醫學所要處理的各類精神現象常常是屬於人的心靈範疇的，如：智能的研究、憂鬱恐懼等情感的研究，以及對於心靈「超越傾向」之過度強調導致社會適應困難之研究都，與心靈有關。其中，有一項生物精神醫學的主題是與我們要探討的心靈主題相當有關的，那就是「遺傳」。

　　「遺傳」與心靈到底有何關係呢？我們舉個例子：一個語言學家會比一般人更容易生出具有語言天分的子女；父母都是運動健將的人，其後代的運動細胞大都發達；藝術家父母較易養出藝術家子女來。我們不可否認後天環境與培養的功能，但是根據遺傳學家B. S. Burks與A. M. Leahy分別在1928年與1935年的研究報告，親生父母與親生子女之智能相關程度比養子女與養父母高；又，同血親的兄弟姊妹，其所擁有的學習能力相近。這些都表示遺傳對於人心靈天生的稟性具有某種程度的影響。

　　就算如此，這又對研究心靈哲學具有什麼意義呢？要理解某個人的心靈，有時是可以藉由理解其親族的心靈狀態而掌握一二。一個人心靈能力的成長，無論是其智力、意志或其他（哲學人類學認為有「智力」、「意志」與「高等傾向」三向

度），都會出現一個「關鍵期」（critical period），而且受它的影響，而這個關鍵期到底在何時，會以怎樣的形式順序出現，都會受到遺傳的影響。因此，無論是要自我理解而自我超越，抑或是要了解他人並與之相處，研究「家族」及「親人」有其必要性。

第二節　「心靈哲學」與「心理學」

在這裡的「心理學」，我指的是一般的「實驗心理學」。「心理學」被正式當成一門獨立的科學大概只有一百二十一年歷史，在這之前，有關人類心智的活動都是歸在哲學與生理學的範圍之中。1879年，W. Wundt（1832～1920）在德國成立第一個心理學實驗室，同時美國的W. James（1842～1910）在哈佛也成立規模較小的非正式實驗室後，正式開啓了「心智科學」的序幕。心靈哲學乍看之下似乎也可以歸類到心理學之中，但是實際上，無論在方法或目標上，兩者皆有差異。以下我便先介紹心理學的意義與目標。

一、「心理學」的意義、目標與模式

既然是一種「科學」，那麼「證據」是很重要的。爲求客觀

的證據，二十世紀的初期，美國的心理學家將研究的方向轉向人的外在行爲，因此早期心理學也被稱爲「有機體行爲的科學研究」。顧名思義，不僅人的行爲，連動物的行爲反應都成爲研究題材與內容，然後輔以精確的統計與分析。而在近年來的發展中，再把忽略了的「心路歷程」，如成長背景、社會制約等等加了進去。故當代心理學就是一門「行爲與心智歷程的科學研究」。因此，它是一種科學，也是一種思考方式，廣泛地思考人類如何適應他們的環境以及如何互動。

約略地敘述心理學的意義之後，我們來看看心理學的目標。在吳靜吉博士主編的《心理學》（上）中，提到心理學有五個目標❶：

1.**敘述**：心理學作爲一種科學，其首要工作便是「獲得事實」，然後客觀地「敘述事實」。基本上完全只是描述自己所觀察對象的外在行爲，以及其行爲發生當時或之前的任何環境轉變等等，其中不能有主觀且與事實無關的推論或判斷。

2.**詮釋**：詮釋基本上有點類似「假設」，即藉由收集到的事實資料，我們可以試著說明或推論行爲的原則或心智歷程，亦即說明外在情境與個體反應之間的內隱因素。這時候就會出現了「中介變項」——連結刺激與反應之間的相關性。

3.**預測**：預測是敘述某一個事件會發生的可能性或某一個關

係會被發現的可能性。它跟「猜測」不同，後者可能僅僅是一種預感，但是「預測」卻是建立在事實證據、既有的理論基礎與嚴格的推論過程上，它往往是重要的**變項驗證前提**。

4.**控制**：基本上，「控制」是許多心理學家最有力的中心目標。它不同於預測，它可以藉由已經驗證了的「詮釋」與「預測」，來使行為產生或不產生，或行為產生的方式、強度與頻率等等。它可以用來作為輔導或治療，但是也容易觸犯到「倫理」的問題。

5.**改進生活品質**：這個目的是應用心理學家所提出。基礎心理學家發現了一些原則，但不必然可以運用到人的實際生活；但應用心理學家則主張心理學研究者有責任確定自己的研究成果能運用於豐富人類的生活、改善人類存在的品質。

那麼，心理學者是從哪些方向去理解人的心智與行為呢？在Ernest R. Hilgard等編著的《心理學》一書中，為我們簡單介紹了幾種論點❷：(1)「神經生物論」：將人的行為劃歸於神經生物的角度來研究；(2)「行為論」：以行為的觀察作為心理主題，包括了J. B. Watson的「自我行為觀察」與B. F. Skinner的「刺激—反應心理學」（簡稱S-R心理學或「黑箱論」）；(3)「認知論」：人的心理歷程與行為是受到過去訊息與知識的影響，亦即是以「認知的歷程與經驗」為心理學研究之主題；(4)「心

理分析論」：此學派以人的「動機」與「衝動」為研究基點，找出人「潛意識」對其行為與思想的影響，並且探討潛意識與外在社會制約與形塑的關係；佛洛依德（Sigmund Freud）、弗洛姆（Erich Fromm）與榮格（Carl Gustav Jung）是其中的佼佼者；(5)「人本論」：顧名思義，此派學者強調人的自由意志、自我控制與轉變的能力。尤其在今日工業社會，人被物化的情形愈來愈嚴重，他們強調應增強各種對生活有意義之經驗來找回人的價值。

二、「心理分析」介紹──弗洛姆與榮格的探究

心理分析是一種研究「欲望」（drives）與「衝動」（impulses）的心理學。此學派的學者認為人的行為是由情感的欲望所左右與界定的，是外發於某種深植於心理的衝動。此學派的宗師佛洛依德把欲望分為性欲與存在（含死亡）的欲望。一個人具備這些欲望的先天比例形成了他的「性體質」（sexual constitution），性體質與生活經驗，特別是幼年經驗的結合，造成了每個人各不相同的潛意識，而後形成不同的精神官能症。佛洛依德晚期的另一個重要觀點，便是認為任何人的心理現象絕不能獨立於社會情境之外來探討。因此，除了傳統的個人心理之外，對於同處於一個社會生活形態下的人，因為有共同的社會經驗而在不同階層中產生的某些共同心理，這成為心理分

析學派的重要研究方向。

　　佛洛依德的「潛意識」與「文化」觀點，分別為兩個重要人物：弗洛姆與榮格所繼承。巧的是兩個人都認為佛洛依德的理論有錯誤。榮格迴避了佛洛依德「回溯性」的精神官能症解釋方法，而採用「性格目的」的觀點，發展出了不同的心理治療法，導致了兩人的決裂；弗洛姆雖然承認「性欲」與「童年經驗」的重要性，但更重視社會與文化影響人類行為模式的關鍵性。以下我簡單介紹這兩人。

(一) 弗洛姆

　　和佛洛依德比起來，弗洛姆較注重文化的層面。他考慮到佛洛依德的「生物學」觀點用到其他不同文化中，似乎無法成立。因此，似乎「文化」與「社會」對於人的心理現象與外顯行為有著更關鍵性的地位。因此他延續了佛洛依德後期對社會關係與心理現象相互影響的探索，提出「社會性格」的可能性。例如，他在《基督教義的心理分析》❸一書中，利用探討特定時間與空間中的政治、經濟條件來處理基督教義的形成與轉變，他認為那是「集體社會性格」的表現，是無意識但卻有影響力。由此可知，他將觸角延伸至社會所有大眾，探索宗教、各種意識形態、各種社會的特殊風潮或風尚在其所屬社會中所佔的地位與本身的意義。

（二）榮格

　　榮格師承於佛洛依德，後來因為觀點不同，而與佛洛依德決裂。榮格的心理分析比較偏重於綜合東方與西方文化的優點，也注重父性與母性、男性與女性優點的綜合與平衡。他的一大貢獻是提出集體潛意識（Collective Unconscious）的看法。他超越了佛洛依德的「童年記憶」說，將「認知心理學」所強調的文化、知識、先祖智慧之累積都放入理解人心理狀況的脈絡中；而這些東西並不是個人所獨有，在相同的民族或部落中都具有相同的文化、知識與祖先體驗。他認為這些累積起來的東西會造成一種模式──集體潛意識，這是天生的，並且相當程度地影響我們外在的行為，當此集體潛意識不斷地與當下處境接觸時，會帶領一個人走向其自我展現的目的。

　　因此，人的精神機能出現了問題，是因為他無法適應周遭環境，而之所以無法適應，是因為社會期待與這個期待所塑造出來的角色，與他本身的內在發展方向〔此方向是結合其集體潛意識與其Libido（內在欲力）所形成〕不合，亦即社會對於這個角色所期待的社會性格違反了他的內在性格。因此要解決的就是探索他的集體潛意識，找出其不適應之癥結，想辦法讓他適應；若真的無法適應，則讓他扮演更適合的角色，轉變環境，以求合宜地生存在社會上。

三、「心靈哲學」與「心理學」

探討完了心理學的意義、分類以及心理分析重點之後，我們回過頭來再討論一般的心理學如何看待心靈。

嚴格來說，心理學的術語中並沒有「心靈」這個詞。他們會提到「生物結構」（生物心理學）、「行為動機」（行為心理學）、「認知經驗」（認知心理學）、「潛意識」（心理分析）、「人格特質」（人本心理學）等等名詞，他們的重點在於「行為的起源問題」。事實上，我也不認為「心靈哲學」是一種「心理學」，因為我所採取的是一種哲學思辨的角度，而不是實驗的方式來鋪陳我的想法；但不可否認的是，心靈哲學運用了不少從一般心理學研究中得到的成果與材料。在此我不討論心靈哲學與心理學到底有何本質上的不同，我只討論從心理學中，我們可以得到什麼啟示？

（一）「驅力」（Libido）概念

這個概念是由佛洛依德提出，而為弗洛姆、榮格等接受。Libido是人的一種無限能力，是人內在的潛力。我們可稱之為「本能」。佛洛依德把本能與人的精神聯繫在一起（我們一般謂本能即動物性本能），它不但主宰生命之發展，更是人的一切行為之終極根源。我們人的自我（Ego）常會因為外在意識形態之不當壓制而消失或轉變成異化的「超我」（Super-ego）。Libido

應該發出無限動力以找回自我，它有能力使人完成自我。現代社會上的人多處在「異化的超我」形態中，但只要有人能打破這樣的形態，而找到自我，即表達出別人想而卻不敢做之事時，便會引發別人的同理心而認同，這也是Libido之表現。人應發展精神之職能，即把本能外顯為語言形式，不斷發展並使之圓滿，使人能逐漸完善。我認為這種自我實現的本能驅力是屬於心靈的基本能力之一，它可以有效地說明人何以能夠不斷追求自我超越。

（二）自主發展

　　「人本心理學」反對工業社會的非人性化傾向，強調人天生具有「自由意志」與「自我實現」。他們認為人類行為的主要動機是來自「自主發展」的傾向，這種傾向便是結合了自由意志與自我實現而顯露出來的。這種傾向使得人能夠不斷地自我超越，每個人都在其一生中將潛力發揮到極限，並藉此改變其存在的處境。因此，任何人的自我超越之意義便是讓其存在狀態更加圓滿，讓他愈來愈趨近真正的自我。利用這種說法，我們可以理解心靈如何能在不斷超越的情況下，仍然保有其本真性與純粹性。因為自主發展，所以人能感受到自由；因為自主發展，所以人必須為自己負責；因為自主發展，所以人必須常常回歸自我心靈，去檢視自己所走的路是否真正合乎本性。

(三) 人與社會的相應關係

幾乎所有的心理學家都承認:研究人的行為與心理絕不能離開他所處的這個社會、文化,甚至歷史。因此,任何人類偏差行為的治療,都必須連同在社會與他人接觸時,對其相應關係的反應一起考慮。這是相當重要的一個觀點。我們的心靈是一個「在關係脈絡下的心靈」。在關係中,心靈才能作用、才能得到回饋、才能被人認知。因此,心靈哲學亦必須重視人與社會的相應關係。

雖然相關聯,但是「心靈哲學」畢竟不等於精神醫學,也不等於心理學,那麼我們如何將心靈哲學歸類呢?我認為可以嘗試利用「哲學人類學」的角度來探討。但是在這之前,我們先來理解一下有關於人的靈魂與位格之相關問題。

第三節 人的「位格」與「靈魂」

「位格」(Person)在哲學上是一個非常重要又非常難解的主題。就哲學人類學的角度來看,「位格」和靈魂的個體性有密不可分的關係,它必須落實到「我」(Ego)的層面才能探討;換句話說,在人身上,自我與位格是一樣的,自我便是位格,而位格便是自我。

　　位格一詞在希臘文中的原意是「面容」、「面具」、「角色」。在希臘的戲劇中，演員以戴上不同的面具來詮釋不同的角色與行動。早期的基督教在討論「位格」時，多運用在「三位一體」（Trinity）的討論中，一直到波艾秋斯（Boëtius, c.a.480～524）才爲位格下了明確的定義：「理性的個別實體（Persona est rationalis naturae individual substantia）。」❹沿用至今，它具有三種主要意義：(1)位格是「實體」：它一方面能自立，一方面又能與其他自立體有別；(2)位格是個別的自立體：是具體的、完整的、劃一的自立體，而非抽象之物；(3)位格是理性實體：即位格的存在不是無生物，也非僅生命感覺體，而是具備理性思考的實體。因此，「位格」與「靈魂」就必然產生關係。以下，我將從哲學人類學的立場，就位格、靈魂、理性與自我之關係分成二點來探討。

一、位格、靈魂與理性的關係

　　一開始，我們必須明瞭理性與位格的關係。在這方面，我們可從實體性與功能性去了解。首先，靈魂是純粹精神實體，它是肉體的形式，也是一切精神活動的根源；相對比較，「理性」便是依附在靈魂上的一個官能，與其說是官能，不如說是一種能力。其次，在上一單元我們說到靈魂時，已廣義地涵蓋了生命現象與感覺現象，亦即整個的人是同時包含有「生命」、

「感覺」與「理性」的。而「理性」就其本身而言，是一種「本
質性」存有；就邏輯分類而言，是「種差」（species），它是使
靈魂不同於生魂與覺魂的基礎，但它不是靈魂，只是靈魂的一
種能力。

　　而「位格」著重的是「個體性」。因此我們可以說位格便是
人的「個體性原理」。它和靈魂的關係即是：靈魂因著位格而具
個別性。事實上，位格是就個別的人而言的，因此，我不認為
兩者是相同的。如果連同「理性」一起理解的話，我們可以說
「位格」不等於「具有理性的魂」。同時，位格與理性也是不同
的，雖然它們具有相當密切的關係，一是靈魂的能力（理性），
一是靈肉完整合一的實體（位格），但是因為理性，使得位格具
有高度的價值。當我們說每一個個體靈魂都擁有位格時，是指
一個完整的「人」靈肉合一體而言，否則我們將會忽略了人的
完整性。

二、位格、靈魂與「自我」的關係

　　事實上，在本段的前言，我已經點出：在人身上，自我與
位格是一致的。以下我再接著說明。

　　在《西洋哲學辭典》「自我」條目中這麼記載：「在人的一
切精神活動中，自我是最後的支持者、主動的來源、一切關係
的統一交集點。」❺就我的理解，我產生了「自我意識」（Ego-

consciousness），此意識一方面投射到對象，而將之引入自我使其內在化；一方面在投射的過程中，知道了我自身和外物有別。這樣，我知道我和外物有別──我是「一個我」；進而理解我和外物的關係──我是「這個我」。然而，這樣的意識、這樣的理解，都必須根植在「自我」中，它支持我的精神活動，它使得我主動，使我和世界得以接觸，這個「我」不正是所謂的「位格」嗎？

當然我們也需要探討：「位格」是否必然涵攝了意識的活動？在《西洋哲學辭典》中提到了位格的本質特性，是「精神的自我意識與相應的自我設計能力」❻。這是位格的能力，也是位格高於一切的地方，照這樣看來，位格的意識活動是我們可以承認的。

那麼，「自我」和「靈魂」的關係又如何呢？可以這麼說：「自我」的成立，基本意義在於我有靈魂。為什麼？因著靈魂，我才能為「我」的雛形，而使我成為最初的我（primordial-ego）。在人身上，能永久不變不滅的只有靈魂，而「自我」作為一切精神活動的支持者，不可以改變消滅，否則不能作為最根本的實體。故只有靈魂能為人「我之所以為我」的基本或原理。除此之外，我的靈魂──以「自我」來說，為我存在、生活、感覺、思想的根源；而且在肉體死亡後，人的靈魂（而且是「這個」靈魂）仍永存不滅。如此，人渴求永恆

（或永生）的願望才能實現。

但是，「自我」更正確、更圓滿的意義，是人「整個的人」，即「整個的我」。凡在「我」之內的一切，不管是身體的、思想的、物質的、精神的，統統都屬於「我」，都是「自我」。換言之，「自我」的正確意義，是代表我的靈魂和肉體合一的這個「全人」。因此Bittle說：「我不是肉體，不是靈魂，不是理智，不是意志，不是意識，不是生命，這一切東西都屬於『我』，共同組成一個『全人』。」 ❼

第四節　「心靈」意義的哲學人類學反省

在當代的哲學人類學領域中，「心靈」的功能包括「智力」、「意志」與「高等傾向」三個部分。也許在某部分「哲學人類學」是與一般的「實驗心理學」的分類認知重疊，但是畢竟哲學人類學（或稱「哲學心理學」）是一個「在實證的方法之外，研究一個純粹哲學性、關於個體和集體的人類存在之本體論性質問題」❽的學問，或稱「藉形上原理以解釋經驗資料的生機科學」❾。就哲學人類學的觀點，「人」是一種「心靈－肉體」相統一而不可化約的單位。在這種意義上，哲學的眾學門之中，哲學人類學算是與當代科學關係較為密切的學問。

　　事實上，哲學人類學的發展是到十九世紀末，由馬克斯·
謝勒（Max Scheler, 1874～1928）的提倡才真正浮現出來。以往
研究人的知識通常是附屬於「歷史與文化」之中，謝勒將這種
方向轉變成為向著「自然」與「存在情境」來研究人之所以為
人。而這成為近代以來研究哲學人類學的一個主流方向。

　　雖然我們此節要探討的是哲學人類學的「心靈」意義，但
是我們還是必須先介紹馬克斯·謝勒的學理，俾有助於我們理
解哲學人類學家是如何看待「心靈」。

一、馬克斯·謝勒的貢獻

（一）謝勒其人與其地位

　　我們對於謝勒哲學的探究，一般可從其「情感現象學」、
「知識社會學」以及「哲學人類學」三個最主要方向入手。「情
感現象學」包含了它的價值哲學與方法論，由此而導向其「知
識社會學」，藉由價值的探討了解其所謂知識的起源、動力與分
類，之後將方向延伸到社會以及歷史的層面，最後將這些綜合
成為探討「哲學人類學」的基礎。雖然如此，謝勒很早就展現
了對「人的知識」之興趣，並發表了一連串相關著作❿。若我
說哲學人類學真正的創始人是馬克斯·謝勒，應該沒什麼人會
反對。尤其他那本薄薄的巨著《人在宇宙中的地位》更是清楚
地指出：哲學人類學是系統地研究「人」的各門學科的基礎，

不僅是哲學的基礎，更是人類全部知識的基礎。他同時指出：
哲學家應該探究人類本身進行思考、感覺和觀察的「理想的基
本自我理解方式」⓫。為了清楚他對於哲學人類學的影響，我
想先介紹他的《人在宇宙中的地位》，將有助於我們理解謝勒學
說的脈絡。

(二)《人在宇宙中的地位》之要點

這本書是謝勒在1928年出版的，書中分為七個部分：

1.**關於人的觀念問題**：他略述基督宗教、希臘哲學與自然科
學的人觀，因而產生三種人類學；但是它們都未曾達成一致的
觀念，所以他要從「本質」再探討人的價值與特殊地位。

2.**身心存在的等級次序**：謝勒分析了「情感衝動」(植物)、
「本能」(動物)、「聯想記憶」與「實用智能」(高等動物)之
關係與區別，他也點出人類智能與高等動物之間的差別是因人
具有精神目標，因而導引出較複雜的智能行為。

3.**人與動物的本質區別**：他在此提出一個與一般生命相對立
的新原則：精神。精神的本質是自由，因此一個真正具有精神
本質的人，是會向著世界開放的；而精神的對象是「自我意
識」，亦即因著精神本質，人能夠知覺自我，而產生自己的「人
格」。但是「精神」卻是純粹的活動性，它是不能被對象化的；
對自己如此，對別人亦然，因此「人－我」必須藉由「愛與合

一」來了解彼此人格。

4.**精神的基本活動**：精神既是純粹的活動性，那它的基本活動是什麼呢？是「觀念化的本質認識」。在此，謝勒用現象學方法分析了「本質認識」，他說那是一種對世界「抵抗現實化」的歷程。因此人是一種「生活上的禁欲者」，他的精神本質永遠在抗拒著被世界給「現實化」。

5.**兩種人論──否定的與古典的**：佛教與叔本華的否定性人觀與希臘古典過於歌頌人性的人觀都是謝勒所批判的。後者因為過於誇大人的自律性；前者則否認了人具有創造活力的本能。他認為人的精神之中，都具有「自因存在」（神）的那種因「精神」與「衝動」對峙而產生的驅力，便是這種驅力創造了世界，人因此得以崇高。

6.**身心的統一性**：謝勒在此批判了笛卡兒「心物二元論」及自然主義「心物對立論」，也批判了克拉格斯（Ludwig Klages, 1872～1956） 認為的「生命進展將導致精神損害」的說法。他認為恰恰相反：「誰在考慮最深刻的東西，誰就熱愛最有生氣的東西。」❷

7.**形上學與宗教**：當人的精神發展到脫離自然與世界的時候，他將感到前所未有的虛無，因而會追問自我存在的地位與價值。屆時，上帝的存在與世界的存在便會在意識之中出現。宗教與形上學因此是在人類精神充分發展之後才會出現的。在

此，他隱約地批判古典的一神教與哲學形上學，認爲它們的強
制性恰恰限制了人類精神的充分發展。

　　以上是我所整理有關於《人在宇宙中的地位》一書的思想
要點。我們可以清楚地看出：謝勒是如何推崇「精神」，並且人
可以透過作爲本質的精神活動，使得現實轉變爲非現實（我們
可理解爲超越現實的現實）。這種「超越」甚至可以使自己處於
彷彿在時空的彼岸，更甚而讓自己的身心狀態或感受都成爲自
我的對象。若能抓住這一點，我們便可以在自我的精神活動之
中無限地灌注希望，在屬於心靈的層次開闢一個超越的世界。

二、有關「心靈」意義的哲學人類學反省

　　我在一開始便說過了當代的哲學人類學家論「心靈」是包
含有「智力」、「意志」與「高等傾向」三個部分。若我們能結
合「位格」、「靈魂」與「精神」等說法，來理解所謂的「智
力」、「意志」與「高等傾向」，當能爲「心靈」展開更豐富、
更深邃的涵義。

（一）人的心靈智力

　　Donccel在論到「智力」時，提到它包括作爲質料的「學習
能力」與作爲形式的「自我反應的精神功能」，而後者更是人類
所獨有❸。我們可以這麼說：人類的智慧表達是藉由文字語言

與文化而來。這就是人類可以透過反省,將其所獲得的一般性
知識轉換成為形式性的概念;不僅如此,人還能繼續藉由反省
形式概念,獲得其中的普遍關係,形成可傳遞的文化。因此,
當人類在面臨某些當下的問題時,可以透過反省取用儲存在心
靈中的文化智慧,並藉由創造的想像能力重新建構適合當下的
解決模式。這個事實就是人類心靈智力可以超越物質環境限制
的最佳證明,也因此我們得以推論:人的心靈智力是屬於精神
層面的功能。

　　除此之外,心靈智力尚具有意識自我的能力。因為智力在
進行其認知功能的同時,能在意識的邊緣領會到自己,我們稱
之為「自我領會」(Self-Awareness)。這種能力早在亞里斯多德
的時代便被提出來 ⓮。我在此認為,心智的能力是具有意向性
的,它會主動被對象的本質所吸引,也被自我存在的結構原理
所吸引,這是一種先天的能力。這種能力可以在時空內認識事
物本質,也可以超越時空而認識純精神存有,也可以意識到
(非直接地)自我人格的存在,只要它沒有被自我的意識形態與
欲望所轄制的話。

　　總之,「心靈智力」是屬於一種精神的能力,它可以不斷
成長,可以令人不斷地透過反省取用形式概念而有效地解決當
下任何問題;它具有意向性,可以被時空內外的對象吸引,而
產生認知;它可以在活動中非直接地意識到自我的存在,產生

自我意識。這幾點都是唯獨人類心靈智力才擁有的能力。

(二) 人的心靈意志

　　所謂「意志」即是指「在自由的狀態下，個人或群體自發地且恆常地向著自己所選擇的目標行動的意念」❶。因此，意志包含了「自發性」、「恆常性」與「自主性」。所謂「自發性」便是指在無外在環境或壓力的刺激之下，個人或群體仍能不斷地向著自主目標前進的內在驅力；「恆常性」指無論遇到任何阻礙──外在的人、事、物或內在自我的情緒感受，都能勇敢地面對並設法超越之，以繼續向著自主目標前進的特性；而「自主性」直接指向目標，指的是人能自我決定所選擇的目標與達成目標的方法，然而這種自主性常常需要有「自我意識」的輔助。

　　經由上述的說明，我們可以整理出：所謂「心靈意志」便是在自我意識充分發揮下的一種「本性精神驅力」。它類似心理分析論者所言的「利比多」（Libido），但需要與「心靈智力」相合作，以判定目標並形成動機。智力愈清楚──即其精神性愈能克服物質障礙，則意志驅力便愈能強烈地指向目標。因此，訓練意志的方法除了提升自我克服物質欲望與加強「專注」的能力之外，還應儘量保持智力的清明。也因此，「心靈滌淨」的功夫是需要的。

　　有一個重要的概念必須在此提到的，那就是「情感」。情感

往往有時被認為與意志相衝突，那是因為前者是與「本能」相連結，並能展現出強烈的偏好行動之故。事實上，情感的有效導引與控制是成熟人格的重要指標。一個成熟的人應該要能分辨「熱情」、「情感」、「情緒」與「衝動」，並選擇有效的成分以協助智力與意志。因為人的本能驅力是強的，若能夠加以精神的導引，必能加強意志的強度而不會失去控制。

（三）人心靈的高等傾向

　　在這部分，我所要談的是人類不斷向上，或向超越自我的某個「他者」追求的驅力。它是出於本性，但是卻是精神的；它是一種本能驅力，但是指向的卻是超越對象。它具有三個層面：道德的、審美的與宗教的，所以我分別稱之為「道德感」、「美感」與「宗教感」。值得注意的是：這三種高等傾向都在其層面中運用了智力與意志，同時都能在運用中有效地將之提升。

　　1.道德感：道德常被人歸類到「意志」層面去，或說那是理智與意志合作之後的成果。但我卻認為人類對於和諧人際關係與完美制度的追求是一種發自心靈的本能驅力。道德認知包含了對於人際關係的洞察，並因而知曉應對之道。這便是人追求提升與他人關係的高等傾向，同時也提升了心靈智力。而人對於道德的堅守，甚至為了人類福祉願意自我犧牲，那就是在道

德感中，人的意志被提升了。我要強調：最原始、屬於心靈的
道德感傾向是善的、是要求自我與群體保存的。只不過若它的
強度無法超越現實世界，那麼就會變成所謂的「自利模式」或
「競爭模式」。

2.**美感**：除了人與人的關係之外，人也會追求與一般事物或
大自然的和諧關係。美感便是指人將本能驅力指向美的對象，
包含美的創作與感受。這與動物性的驅力不一樣，因為當得到
了美的感受後，心靈所得到的愉悅是精神性的，是不含利害關
係的。它可以幫助人建構和諧的世界觀，並以一種均衡、同理
的心態與宇宙萬物建立關係。這種美感傾向可以使人提升其感
受能力，洞察事物與世界之中的和諧規律與本質，並且可藉之
調節自我的情感欲望。

3.**宗教感**：「人性」之中本然就具備了一種渴望，一種指向
人之外且超越人自身之存在的渴望。當這種渴望面臨到某種特
定（就個人而言）的情境，如生命的困頓、存在的受限（不自
由）時，便明顯地顯現出來。這種渴望一旦被激發便會一直存
在，也因著人不斷地要滿足這種渴望，而使人可以不斷地自我
實現，這種渴望便是宗教感，更進一步說，這渴望所代表的便
是「神聖事物與自我意識的關係」。亦即，宗教感意指「我和神
聖事物有關係」的自覺，而這種自覺又必須和特定的外在情境
相聯繫。宗教感是人的本能需求，這樣的需求會讓我們的心靈

指向一個屬於我欲超越的「終極關懷」（或許事實上那不是超越，但是我會將它視為超越）與「獻身的目標」，而形成我們自己的宗教意識，並帶領我們在我們的「取向架構」上發展。甚至建立一個宗教結構或宗教體系。而在宗教感知中，人能夠獲得一些「直觀的」、「神秘的」知識，進而調整自己的身心靈，這就是心靈智力在宗教感中獲得提升；人也能為了其獻身的「終極關懷」忍受一切苦難，甚至失去生命亦不言悔，代表人的意志能力在此被昇華了。

從哲學人類學的角度探討「心靈」，我們得到了人的心靈具有「智力」、「意志」與「高等傾向」的向上驅力。也因此，我們不能只以「意識」、「欲望」來言心靈，它也不能只是「精神」。正確地說，「心靈」是靈魂與其所有的精神活動，以及其活動成果的總和。當我們談到心靈時，不得不將它置於關係的網絡中去討論，因為它的活動必有活動對象；它的內在驅力必定有其意向對象。而我們認識心靈，一定是必須藉著「關係」，否則其能力無法彰顯。

問題思考

1.你認為當代「精神醫學」與「心理學」的研究對「心靈哲學」之建立有何貢獻？

2.請說明「靈魂」、「位格」與「心靈」的關係。

3.你如何理解心靈的「高等傾向」？你認為自己的三種傾向都發揮過了嗎？

推薦書目

1.Phil Cousineau主編（1998），宋偉航譯，《靈魂考》，台北：立緒文化。

2.馬克斯‧謝勒著，陳澤環、沈國慶譯（1989），《人在宇宙中的地位》，上海：新華。

3.J. F. Donccel著，劉貴傑譯（1989），《哲學人類學》，台北：巨流。

註　釋

❶見吳靜吉等編著（1992.12五版），《心理學》（上），台北：空中大學，頁7～14。

❷見 Ernest R. Hilgard、Richard C. Atkinson、Rita L. Atkinson合著，鄭伯壎、張東峰編譯（1986九版），《心理學》，台北：桂冠，頁4～11。

❸此書其實是弗洛姆自1930至1961年之間陸續發表的論文所集成的。由於最看重其中的〈基督教義的心理分析〉一文，故以它作為書名。此書由孟祥森譯，晨鐘出版社於1971年出版。

❹見 *"Liber de persona et duabus naturis"* Ⅲ，摘自M. J. Rouet de Journel編著，施安堂譯《希臘拉丁教父選集》（簡稱 P. L.），台北，1972。P. L.，64，1343。

❺見克魯格編著，項退結編譯（1976），《西洋哲學辭典》，台北：先知，條目79「自我」，頁132。

❻同前，條目269「位格」，頁310。值得注意的是，只須擁有此種能力而不必此時此刻實現者亦可稱位格，故在母體中之胎兒亦是位格者。

❼見 Bittle *'The Whole Man'*，p.558。摘自薛保綸撰《靈魂研究》，輔大哲研所碩士論文，民國65年。

❽高宣揚著（1990），《哲學人類學》，台北：遠流，緒論v~ix。

❾見 J. F. Donccel著，劉貴傑譯（1989），《哲學人類學》，台北：巨流，頁10。

❿如1914年的《關於人的觀念》、1916年的《同情心的本質與形式》、1921年《人的不朽性》、1926年以論文形式發表的〈人與歷史〉、1925年《知識形式與

教育》、1926年《知識形式與社會》、1928年《在未來均衡時代中的人》。詳見

同註❽，頁111～118。

❶ 同前，頁1。

❷ 謝勒著，陳澤環、沈國慶譯（1989），《人在宇宙中的地位》，上海：新華，

頁73。

❸ 見同註❾，頁194。

❹ 在亞里斯多德的《論靈魂》（*De Anima*）卷三，part 2，42，12～18便有這樣

的記載：“......it is through sense that we are aware that we are seeing or hearing,

......we must somewhere assume a sense which is aware.”

❺ 見同註❾，頁209。

第三章 「心靈哲學」重要概念介紹

　　我們大概已找出一個方向來理解並處理「心靈哲學」的相關問題，那就是以「哲學人類學」為主要角度來入手。在踏入「心靈哲學」之時，首先我們還是必須說明一下，在這個領域我們可能會遇見的一些重要概念，當然，是以「哲學人類學」的角度加以詮釋。

第一節　靈魂與意識

　　在上一單元，我曾說過一般西方思想家在理解「心靈」之意義時，大部分都以「靈魂」來理解。因此靈魂的存在、靈魂是否會毀滅、靈魂的特性、靈魂與肉體如何結合以及它對人的意義、靈魂有何功用、靈魂的活動、靈魂的超越性……等等，

都是傳統西方哲學在討論「心靈」時的重點；而在上一單元，我也介紹了靈魂與「位格」、「理性」與「自我」的關係。在這一部分，我們要回到靈魂本身來看看到底靈魂是什麼，同時也要介紹一個與靈魂息息相關的概念：意識。

一、「靈魂」概念的理解

(一)「靈魂的意義」

在此我們不從宗教的角度去探討靈魂（雖然或多或少會觸碰到），我們直接就本體論意義來理解之。基本上，我們稱謂靈魂時，是指「純粹的主體」、「開創的自我」、「自我的源頭」等等意義。它是一個實體、是肉體的形式，也是一切精神活動的根源；在範疇上，它是屬於實體範疇，因為它之存在並不是依附於肉體，它存在於自身，而成為限制肉體的形式。因為它是形式實體，因而它是可分別的；當它存在於「人」時，人因此能與他人有別，而形成自我意識。它與物質實體結合是非必然的，我們從人的生與死可以得到佐證，因此靈魂的活動是來自於其本身，但是必須由物質軀體表現出來才能被知覺。

靈魂的活動是什麼呢？就是自我開創（或曰自我實現）的能力。這種能力表現於實存的人身上時，便展現了「認知判斷」、「情感意志」以及「向上超越」的諸般相應行為。因此，靈魂就像是「人的光源」，其強與弱影響了「此人」在世上的種

種表現。我們不能說唯有人的「高級行為」才隸屬於靈魂的範圍；事實上，人的所有行為都是靈魂與肉體緊密結合的成果，包括生存、繁殖、感覺、認知、意欲，甚至自我超越。因而靈魂是「人」存有的核心，當人意識到自我的時候，他便清楚地知曉他就是靈魂、是他本身的核心。

（二）靈魂不朽

靈魂是與肉體緊密結合，因此我們清楚它不同於肉體。但是當肉體死亡毀壞時，靈魂會怎樣呢？按照剛剛的說法，靈魂必須因著活動而被知覺，而活動又必須靠著肉體。按照哲學的說法，沒有活動的存有等於無法被知覺的存有，那是不是靈魂因此不存有了呢？若是靈魂不朽，那它為何不再存在於肉體呢？我們如何證明靈魂不朽呢？

我不想舉出宗教的論證（上帝的創造與預定）或倫理的論證（善惡賞罰的必需）來說明靈魂的不朽，而盼以較哲學的方式來加以證明。首先，靈魂因為是非物質的實體，它是絕對單純的，所以它不會因為「分解」而使結構消失崩壞；其次，由於靈魂是一自主的實體，所以它不需依靠身體的支持才存在，因此肉體的死亡不會造成靈魂的毀滅 —— 靈魂無法被知覺與靈魂不存在是不同的；第三，就靈魂的本性而言，它既單純且不會自行毀壞，作為限制肉體的形式，必然於存在層次上高於肉體，所以肉體不可能使靈魂不存在，因此，有什麼能使靈魂不

存在呢？靈魂本身嗎？不！因爲毀壞消失是一種「從存在到不存在」的過程，靈魂本身不可能作爲推動自己的動力，必由外物推動。因此就本性而言，靈魂是不會毀壞的；除非上帝讓它毀壞，但這違反了上帝的不變性——是展現在事物的本質本性上❶。綜上所言，靈魂是不朽的。

　　但是，若靈魂不朽是眞的，那它離開肉體之後又是以怎樣的方式存有呢？事實上，這已是一個超驗的問題了。在此，我只能回答：人死後，靈魂繼續存在，只是無法被我們知覺其活動而已。基督教的教義認爲：人死之後，靈魂被賦予一個不同於在世軀體的新肉體，所以靈魂能繼續活動。但這已是屬於宗教層面的問題，在此不作討論。

（三）　靈魂與肉體

　　從歷史中，對於「靈魂與肉體的關係」之討論有許多不同的說法，如「交互影響論」：靈魂與肉體爲兩個不同實體但能夠相互影響；「心物平行論」：靈魂與肉體爲兩個不同實體且不相互影響；「心物一元論」：靈魂與肉體只是同一實體的兩面；「現實論」：唯肉體實存，靈魂只是心理現象的集合而已；「不可知論」：靈魂存在，但無法推理與證明；「心物合一論」：靈魂與肉體皆不爲完整實體，唯有「人」才是完整的肉體❷。

　　我無意討論上述論點並加以批判，我只提出自己對於靈魂

與肉體之關係的看法。基本上，我認為靈魂與肉體是兩種實
體，而且緊密結合，就好像文章與其意義之結合一樣，若文章
沒有意義，就只是一堆文字而已。此外，因為緊密相連，所以
靈魂與肉體會相互影響，不只是靈魂藉由肉體展現其活動（就
連最內在的潛意識，也是在人的腦中完成的），更是兩者相互影
響──當身體疲勞時，心靈亦會遲鈍；心情舒暢時，整個人就
會精神奕奕、活力充沛。而且，就認識的過程來看，「感覺」
到「概念」的形成過程是貫穿而一致的。因此，從感覺開始一
直到理解與判斷，整個過程都有靈魂參與其中，也代表認識過
程從頭到尾都是理智行為，就算是知覺亦然。

二、「意識」概念的理解

（一）何謂「意識」（Consciousness）

　　「意識」有狹義與廣義兩個層面：狹義的意識指「每個人對
自己的心理狀態和它的瞬間情況所伴隨的知識（Conscientia）」
❸，意即人能透過活動時所伴隨的知識，而經驗到他自己的活
動，並因而擁有他自己的經驗。在這範圍中，它包括有「行動
意識」：心理過程情況之意識；「事物意識」：外界事物對象
之行動之意識；「主體意識」：對於自我的意識。因此意識的
活動可以讓我們分辨行為、事物與自我，並探討它們的相互關
係以達到精神文化。不過，(1)這類的意識僅屬於具有「靈魂」

的存有所有，而廣義的意識可泛指過去經歷的知覺記憶；(2)對於自我價值或行為善惡的知覺；(3)體驗的能力。不過，一般而言，哲學在談論意識時指的大都是狹義層面的意識。

有人認為「感覺」與「意識」是截然不同的兩種認知（無論就官能或是行動），因為前者屬於物質層次，而後者為精神層次。但是我不認為如此，因為所謂的知覺行動也是靈魂的行動，因此知覺也含有意識──真正的反省意識是可以從「物質我」中意識到「精神我」的。當然，不受肉體限制的精神必能「直接透視」領會自己的精神本質；但是與肉體結合的精神一樣能「反省地」意識自己的精神。

由上可知，意識與經驗的關係是密切的，它們都依附於同一個「位格」上，而且彼此緊密連接。克魯格將它們比喻作「容器」與其中之「內容」❹，他認為「意識」是「具空間之容器」（Spatial Container），而每一個個別經驗便是此容器中之內容（Contents of Consciousness）。一般而言，人類的意識一次只能呈現一種對象，其餘的只能微弱地呈現在意識邊緣；同時某些生理疾病亦可能使得意識在接受新經驗時，無法銜接原有經驗記憶，而造成「人格分離」，這都是意識與經驗彼此緊密連接的明證。

（二）自我意識

在談到意識的內容時，我提到了「主體意識」，此即是「自

我意識」，這是一種絕對反省的意識。但是一開始，意識絕不會反省到自己，而是在意向到其他對象的活動中或意識直接指向外物的視線，非主要地意會到自我。在認知過程中，精神將外物引至自我深處而令其內在化，此時意識直接面對的便是自我本身了，因此自我意識又可稱為「反省意識」。只要人能認知，那麼人就絕對不會在外物之中完全喪失自己。舉例來說，我們意識到了「筆、紙跟字」（外物），同時也意識到了「寫」的行動，此時似乎隱隱約約有個支撐著這些東西的「主體」存在，一直到將這些意識放入心靈時，我才清楚地意識到有個「正在寫字的自我」存在。因此，「自我意識」是一切心理過程的不變支撐。西方哲學自奧古斯丁、聖多瑪斯·阿奎那、笛卡兒、康德、觀念論（Idealism），以至於「存在哲學」，都賦予自我意識崇高的地位。

（三）無意識（Unconscious）（或稱潛意識）

這裡所指的「無意識」不是指「無法意識」或「沒有意識」，而是指「在意識之下」的那個層面，它是載荷一切意識經驗的心靈基層。在心理學中，它則被認為是未被真正意識到的心靈過程及情況。之所以未被意識到，有可能是因其尚未達到意識的成熟階段；也有可能是被壓抑或遺忘而脫離了意識。在心理分析學派的觀念中，「意識」與「無意識」之關係正如冰山在海面上與海面下的情形一般，意識不過是浮在無意識之上

的薄薄一層而已。無意識及其本能的驅力（Libido）支配著意識，而成為精神生活幕後的力量。榮格更提出了「集體無意識」作為同一個社會中的人之心理作用的「先驗形式」，而與其他因素共同刺激了人類的基本觀念。

第二節　直觀與洞察

一、直觀（Intuition）的意義

望文生義，「直觀」指的便是對某一存在事物做直接觀察而無須透過媒介物。「直觀」的名稱來自人的視覺，因為它的拉丁文是Intuero（我注視），也因此，它特別指把握住面前事物自身（thing-itself）的知識才叫直觀。一般提到直觀，多會將它分為兩類：感覺直觀與理智直觀；但是我認為可以加上另一個層次，便是「超性直觀」。以下分別論之。

（一）感覺直觀（Sensible Intuition）

感覺直觀指的是在直接感覺的現象中知覺到完整個體的存在。感覺直觀繫於器官（Organ），故只能知覺到物質世界的現象。感覺直觀就我認為，有兩個層面：一是外在感官的直觀；一是內在感官的直觀。就外在感官而言，任何感覺都有直觀，

我們在感覺的過程中，藉由外在感官而接受各種「特定與件」（Data），如眼睛接收顏色、耳朵接收聲音等等。基本上，各類感官機能自動地會「意向」到其特定與件。各個感覺官能直接意向其與件而呈現對象，故是一種外在感官的直觀。而後當外在感官的眾與件被送到內在感官要形成印象時，內在感官本身會產生一種「直觀」，而將各與件恰如其分地整合成一個整體，按照與件的原始提供者那樣。胡賽爾（Edmund Husserl, 1859～1938）稱之為「自由隨想」（Free Variation），是直接將對象再呈現的一種直觀。有些人將這種官能稱之為「統合力」（Central Sense），但我倒認為除了統合力之外，還應該加上「想像力」，因為它是將整合完的整體加以重新呈現（re-present）的官能。故感覺直觀包含了外在感官的「直接知覺」與內在感官的「統合與想像」官能。

（二）理智直觀（Intellectual Intuition）

　　傳統的哲學認為：真正的理智直觀只有純粹精神才能具有。人能具有這種直觀，是因為人能夠直接意識到自己的思想與意願——此二者直接以個別存在物之身分在意識中呈現自身，所以得以稱為直觀。不過，此仍非真正直接的直觀，而是一種「反省」。換句話說，傳統哲學的理智直觀指的便是人能夠在意識上作自我反省。胡賽爾不認同這種說法，他認為人類能夠有「理智直觀」不只因為人的自我反省，實在是因為人本身

便具有「本質直觀」（Eidetic Intuition）的能力。他認為人的理智天生就有將經驗對象「觀念化」的能力，區分「感覺內容」與「思考內容」，並將後者視為意識的對象。這時候，我們便可以不去管此事物在時空之中的實際存在，專心去分析「我」與「純粹事物本身」的關係，這就是「存而不論」（Epoché）、「放入括弧」（Brackets）。此時，無論是「我」或是「事物」，都成了「超越的自我」與「超越的經驗」，而我們是藉由「本質的直觀」去知覺它們。在「本質的直觀」中，胡賽爾甚至摒除了原本所使用的種種推理方法，因為它們也是為了經驗知識而產生。

不過，我對於「理智直觀」卻又有不一樣的看法，我傾向於將它視為類似「洞察」（不過兩者仍有差異，我稍後會加以說明）。在認知過程中，當意識面對感覺圖像時，直接便領會其普遍本質，並導引理智作抽象作用，這便可稱為是理智直觀的功能了。當然也包含了自我反省在內。

（三）超性直觀（Transcendental Intuition）

基本上，「超性直觀」指的是當我們面對某種超越的精神對象時（就事實而言，我們的確不能否認這種經驗的存在），直接領悟「它－我」的關係，且獲得屬於它的知識。一般而言，這種知識屬於「奧秘」（mystery）。不過超性直觀的對象不只是狹義地指超性存有，也指某一事物就其存在或本質超越了人現

下的認知能力，如「未來的事」或在不同空間下同時所發生的
事，這對於在能力尚無法超越時空的我而言，是無法理解的。
但是如果讓意識超越時空的障礙，亦即以所謂的「修行」來讓
自己能不受想像力影響而產生純精神認識，提高意識的穿透力
與超越性，則對於「超越時空的知識」理論上是可能的；同時
也可能藉由這種純精神認識，洞見到自我靈魂的意義以及神對
自己的關係。不過，必須強調的是，「認識能力」的提升，其
前提是「存在等級」的提升。但是，人再如何提升存在，其結
果仍然不會超過自我的本質，只是讓自我的本質與存在更相
近，讓自己更像自己。

二、何謂洞察（Insight）

　　我們對於「洞察」的理解，最早可追溯到柏拉圖（Plato,
427？～347B.C.）。他在其晚期的〈智者篇〉（Sophist）232a中提
出了幾個相關字「光照」、「直覺」，以及在《理想國》提出的
「能馬上直觀到先天真理的眼光」。不過，亞里斯多德對於洞察
的理解更為清楚。他在《形上學》第九卷中提到了「對圖像脈
絡之發現與把握」，與「對一物潛在本質意義之得悉」❺。不
過，我們並不討論那麼遠古的洞察意義，而要看看當代哲學家
對「洞察」的看法。

（一）馬克斯‧謝勒的看法

在其《人在宇宙中的地位》一書中，曾表達了對洞察的看法。他認為洞察是「突然從一情況的各元素上察覺一事物結構的脈絡」，或是「突然尋獲一解決問題的方法」❻。而所獲得的答案部分是來自於經驗（即經驗提供部分的基本與件），部分則來自於個人智力上的通達（即所謂直覺）。而這種洞察的經驗，通常伴隨著一份「興奮之情」（「啊哈！我懂了！」類似頓悟的經驗）。當然，洞察有別於「聯想記憶」（Associative Memory），因為洞察基本上不從習慣、因循、模仿的途徑獲得，而是發現一個新的解決方法，並且從它產生新的行事步驟。我們可以很清楚地察覺謝勒仍然遵循胡賽爾的現象學方法，強調本質的直觀。

（二）郎尼根（B. Lonergan）之看法

真正將「洞察」獨立提出來討論的應該是當代的郎尼根。在其《洞察》（*Insight*）一書中以希臘的阿基米德（Archimedes, 287～212B.C.）受了敘拉古（Syracuse）的國王希倫二世（Hieron II）之委託，檢查王冠是否純金❼。當然在比重定律、置換定律尚未被發現時，這是相當困難的問題；但是當他在洗澡時，因為體積與排水量的關係，他豁然而悟出了所謂的「靜水學」與前述的兩個定律。郎尼根便提出「洞察」具有如下特色：(1)如釋重負：洞察使人從詢問的張力中鬆弛下來；(2)豁然

貫通：洞察是突如其來的通達，是求知欲經由一再地詢問，從
廢寢忘食而豁然貫通而如釋重負，並且藉由所悟得的新規則取
代了舊規則；(3)了悟於內：洞察不等於是外在的知覺（雖然外
在刺激有一定的效用），而是內在的智力所達成。否則人人皆有
洗澡的經驗，爲何只有阿基米德得到洞察？(4)中樞事理：洞察
是「具體事實」與「抽象理論」之間的樞紐，因爲「洞察」，事
實和理論之間、具體和抽象之間才得以連結。仍以阿基米德爲
例：希倫二世提出了具體問題：「王冠是否純金？」阿基米德
答之以具體方法：「置於水中有排水量。」這些是具體事實，
然而其中蘊涵了靜水學中「置換定律」與「比重定律」等抽象
理論。這是在「洞察」之中被掌握的；(5)融化於心：當「洞察」
之後，洞察的事理將永遠被我所理解。

(三) 對「洞察」的理解

　　「洞察」是一種理解的行爲，意即心靈瞬間掌握了經驗事物
的脈絡而將之抽象出來。所以「洞察」蘊涵了「抽象作用」。抽
象作用便是將對象的「形式」從具體圖像之中分離出來，換句
話說，「洞察」是了悟形式的行動。因此，它同時具有「質料
直觀」與「形式直觀」的能力，意即它是靈魂與肉體結合中最
爲深刻的認知能力。

　　若是如此，那「洞察」與「直觀」是否相同呢？兩者皆是
了悟本質形式的行動，雖有外物的刺激，但是其知識都是來自

於內在。這樣說來，直觀與洞察便沒有什麼不同了嗎？其實兩
者還是有不同的。雖然「直觀」仍是一種認知的行為，但是卻
更強調無須推理的過程，而且是直接面對對象時的認知，有時
甚至指一種直接而非理性或情緒的領悟能力，能夠掌握超感覺
的實在事物；而「洞察」仍強調其認知推理過程，基本上，
「洞察」便是推理中的一環，是作為事物與概念的連結。

第三節　人格的探討

　　我們談完了作為心靈堅實後盾的「靈魂」，介紹了僅僅靈魂
所具有，用以呈現所有心靈認知活動的「意識」；也談到了心
靈最直接的知覺能力「直觀」和「洞察」。接下來，我們將注意
力回到作為個體的「人」身上，談談「此人」之所以為「此人」
的基礎──「人格」。
　　在談到「靈魂與位格」（見第二章）的關係時，我提到：
「位格便是人的『個體性原理』。它和靈魂的關係即是──靈魂
因著位格而具個別性。」又說：「在人身上，自我與位格是一
樣的，自我便是位格，而位格便是自我。」好像某人之所以為
某人就在於「位格」。如此看來，「位格」又好像可以理解為
「人格」。到底「人格」的意義與組成是如何呢？我們將分為

「哲學」與「心理學」兩方面來談。

一、「人格」（Personality）的哲學性理解

在《西洋哲學辭典》的定義中，「人格」是指：「一個人的心靈稟賦及持久傾向的整體與其組織。」這是比較傾向「心理學」的說法。一般以哲學的角度提到人格時，多指「單獨而整體、有理性與行動主權的自立體」❽。後者的意義幾乎與「位格」相同。基本上，我較傾向於前者的定義，因為加上「心靈稟賦」時，我們更可以解釋不同的人格特質如何限制一個人的發展傾向。既然是「稟賦」，就是一種天生的「準備狀態」，而「心靈稟賦」就是心靈活動（如認識、意願、感受等）天生的整體情況，是一種潛能、一種可能性。就「人格」而言，這種「心靈稟賦」是一直存在的，它具有生理基礎，便是「遺傳基因」。這種持久的心靈稟賦因為位格的「個別性」而具備「發展的方向性」——其內在具有向某一方向發展的傾向；而這傾向受到身體、環境、傳統等等的影響，因此會限定一個人的發展方向。這樣的限定造成了一個人的基本特質，因此人的心靈稟賦就成為其「價值取向」與「意志取向」的基礎。

有一觀點一直是哲學人類學家所強調的：「人格是『完整的』個別自立體。」「完整」代表人格是由「部分」組成；而的確，人格有層次上的不同結構，包含感覺層次與精神層次，而

造成在面對不同對象時的不同對應模式。基本上，各種模式皆以「我」為中心，而形成一完整且統合一致的結構，我們稱之為「完形結構」。人格在正常情況下是一種「完形」的狀態，但是某些錯誤的心理認知或生理機能的損傷，卻會造成「完形結構」的破壞，使得「自我」無法有效統合各層次，而造成「人格分裂」。基本上，那是一種經驗與意識分裂的狀態。

無論如何，「人格」的心靈稟賦要求其中各傾向都作完全而和諧的發展，它具有內在力量，而且此力量是具有方向性的；雖然最後的方向大部分是取決於人的生理限制與外在環境條件，但是這個力量本質上是自由的。這個內在的、自由的力量便成為人格自我成長的重要驅力。

二、「人格」的心理學理解

心理學之中曾經對於「人格」進行研究探索的有許多學派，一般而言有所謂的「特質論」（Characteristic Theory）、心理分析學派（Psychoanalysis）、「社會認知學派」（Cognitive Theory）、「人本學派」（Humanistic Theory）等❾，我在此一一加以簡介。

（一）特質論

特質論是最早期的人格理論之一。所謂「特質」（trait）是指個人有別於他人的特性，這些特性是較為永久且一致的。

「特質論」的意義便是「利用幾個連續的向度（dimensions）或量表來說明人格，而每個向度或量表都代表一個特質」❿。當我們會用某些形容詞（如：小心的、聰明的、容易緊張的……等等）來描述一個人時，那就是一種特質論的方式。此派學者注重的是決定基本的「人格特質」，並想辦法加以測量。如何發現並決定基本的「人格特質」呢？基本上是利用「人格測驗」（personality inventory），以問卷來取得某些人在某些情境下的反應與感受；「評定量表」（rating scale），利用標準格式，由別人來評價此人；「因素分析法」（factor analysis），以複雜的統計將許多「變項」濃縮成幾個獨立的向度。利用此三個方法，特質論學者認為，應可有效地歸類出各種不同的人格並加以預測控制。

不過此派學者有幾個難以解決的困難。首先，人格測驗的預測程度過低，那是因為情境、年齡、智力與性別難以被收入測驗之中，而這些才是最大的變項；其次，也是最大的困難，是特質論者無法有效說明各種特質在人格之間的組合是如何，若無法了解各特質間的關係，我們便無法真正了解人格。

（二）心理分析學派

在心理分析學派中，佛洛依德的「本我」（Id）、「自我」（Ego）與「超我」（Superego）三層次，首先為「人格」的研究揭開序幕。「本我」指的是所有感覺驅力的總和，亦即感覺欲

望（sense appetite），而當本我結合了現實原則而能面對現實時，便成了「自我」。自我最大的功能便是「認知」與「執行」，前者大概不需要說明；而所謂「執行」指的便是能夠決定在現實狀況下，哪種感覺驅力可以被滿足。至於「超我」則包含了「良心」（Conscience）與「理想我」（Ego-ideal）。它有三個功能：(1)抑制本我的衝動；(2)說服自我以道德目標取代實際目標；(3)追求完美。人格的此三部分有時會產生衝突，這是人格有所行動的動機來源。但是人大部分時間都在壓抑「本我」的欲望，因此容易產生焦慮，此時「防衛機構」便出現了，藉由「轉移」與「潛意識化」來降低焦慮。不過，佛洛依德太過於強調人格的本能與生物面，而忽略社會與文化的影響；其實，後者對於人格的形成之影響，常常比前者來得強。

（三）社會認知學派

　　此學派以G. Kelley爲代表。Kelley主張將人視爲一「科學家」，人在世上最重要的工作便是解釋其存在境況，他會積極尋找資料來建構並了解他的世界。因此，他假設：人的心理活動乃是受到他預期事件的方式所決定，個人藉由解釋已發生過的事來建立假設，並控制他的世界，此即所謂「個人建構」。因爲每個人的經驗不同，所以每個人的「個人建構」也不同。且因著人不斷地學習而不斷修正其建構，這就是人格的「多元性」（Alternation）。他強調，人應該不斷吸收各種角度的建構，才能

使人格更為完整⓫。

不過，這個理論會產生一個問題：因為按其邏輯，社會的情境因素決定了經驗，而不同經驗的吸收決定了「個人建構」，「個人建構」又是人格的基礎，這樣推論必然導致一個結論：各人的天生差異一定會被忽略。實際上，認知學派學者是反對「生物遺傳說」與「本能說」的。不過，就事實層面而言，討論人格形成時絕不能遺漏「遺傳」的重要。這也是此學派最大的問題。

（四）人本學派

在人本學派的學者之中，最為人所知的便是馬斯洛（Maslow）了。他遵循人本學派一貫的觀點：尊重人的獨特性與尊嚴，認為唯有了解個人對經驗的主觀解釋，才能真正了解人⓬。馬斯洛認為人格的發展途徑是先從滿足自己的基本需求開始，一層層滿足後，最終便能達到自我潛在能力的完全實現。他尤其強調成長過程中的「高峰經驗」（Peak Experience），亦即當潛能發揮出來時那種與世界和諧的愉悅感受，此乃人格健全的重要因素。

人本學派相當注重人的自由與自主能力。人有理性，並有絕對的選擇能力，因此「潛能的完全發揮」並不是被設定的行為目標。不過，無論如何，人本學派始終認為人格的特性是正向的、樂觀的（這可能與他們的觀察對象都是健康的正常人有關），只需要注意「自我」與「理想自我」的一致性，則人格就

會正常發展。但是，在馬斯洛的理論中，似乎缺乏對於「超越經驗」合理說明的能力。因為在他的理論中，「超越經驗」是比「自我實現」具有更高的等級，而「自我實現」是一種理想，難以完全達成；但是由於要達到高級層次的滿足必須先滿足較低層次之需求，按此邏輯，「超越經驗」幾乎是不可能出現的。然而事實上，「超越經驗」的存在卻是不爭的事實，這成為馬斯洛理論的重大瓶頸。在晚期，馬斯洛也開始注意「靈性層次」的問題而有所修正了。

第四節　人的自我超越

在心靈自我提升的過程最後，便是要讓人從外在或自我的束縛中獲得解放，意即讓人能意識到並運用自己的超越性。當然，我們在此已經預設了「超越性」的實存。但是，預設它存在不代表它真正存在；我們必須探討「超越性」是否真的存在。若存在，則它存在於何處呢？它又有何特性？對人而言，它又有哪些功能呢？這些都是以下所要探討的。

一、「超越性」（Transcendence）的意義

「超越性」的拉丁文是Transcendere（越過、超升），它在不

同的範疇中有不同的意義。在認識論中，它可指三種涵義：(1)
不係於認識者的意識——指對象超越認識行為而獨立，在此情
形下，任何對象的存在都是超越的存在；(2)指超越感覺而為經
驗所不能及者——此即為「超驗的」（transcendental）；(3)指必
須用超越經驗的方法（如直觀、本質洞察等等）去獲得之事
物。而在存有學上，超越性特別指人的精神性，尤其指人的靈
魂，以及純粹不含任何物質的精神體，通常包含所謂的「靈智
實體」（天使）以及「絕對超越者」（神）。

　　但是在「心靈哲學」中，我們不談外在對象，也不談天使
或上帝，我們把焦點放在「人」身上；而且，我們也不從「認
識」的角度去談超越，而要從「存在」的角度來探討什麼叫做
超越。在《西洋哲學辭典》中有提到：「人的精神靈魂已有某
種超越性，因為它雖然和肉體相結合，其精神性卻超越可見世
界。」❸因此，超越性既然存在於精神靈魂上，則所謂人的超
越指的便是精神層次的躍升。在此，我們無意將靈魂與肉體二
分，但是就事實層面而言，我們的確常常受限於自己肉體的需
求而行動，也因此我們常常為所做的事情懊悔。偶爾當我們有
效地抑制自己的物質欲望而達到某種昇華時，那種愉悅卻又不
是物質的滿足所能比擬的。因此我們可以這樣假設：導致我們
無能超越自己限制的不是別的，而是欲望。欲望是什麼？欲望
是根植於肉體需求而開展出來的本能欲力，欲力是有其意向

的，本能欲力的意向便是「自我保存與發展」。雖然具有意向，但是欲力本身卻是盲目的，需要外物來指引。如果有正確的精神意向作為指引，則欲力將支持人一步步邁向美善；但是若是錯把不適合的事物當作導引，而我們又渾然不覺的話，我們的欲力將會把我們推向一個完全陌生的人格之中，甚至危及我們的生存與發展。

　　從上述推論之中，我們知道要求超越不是藉著否定欲望，或者壓抑欲望，而是要讓一個正確而適合於「我」本身的事物或意向來引導自己。誰可以真正知道這適合自己的是什麼呢？就是自己！換句話說，唯獨自己的靈魂能洞悉自己個人的取向架構，唯獨靈魂自己能夠看清楚自己的生存脈絡，也唯獨靈魂自己可以抓住欲望，並且藉著靈魂與欲望的合一，讓欲望的驅力展現到最大，不但合乎自己的本性需求，也能將潛能發揮殆盡，真正的自我實現。

　　什麼是超越？超越就是自己的欲望能真正的服膺靈魂，而且在心靈之眼的領導下，欲望發揮了最大的能力，讓自己真正成為自己。

二、「超越」的可能性

　　在世界諸宗教之中，對於「如何克服自己的肉體欲望，提升靈魂的能力」的主題，都列為核心議題。那麼，對於人類

「超越自我」的可能性，是存在於何處呢？基督宗教認為是來自於「耶穌基督」，因為自「原罪」（original sin）之後，人類的靈魂與上帝的生命斷絕，人再也不能獲得自上帝而來的超越能力而自我超脫，唯獨藉由耶穌的自我犧牲，人可以重新獲得再超升的管道。人有超越的可能性，因為人具有上帝的形象，人一生就是為了要回復這種形象；但現實的人卻無能力作自我超越，因此基督宗教認為人最重要的便是一直守住對耶穌的信仰，才能重獲自我超越的能力。相對於基督宗教，佛教就認為超越的可能性在於人藉開悟而獲得智慧。佛教認為人本身具足了超越的潛質，但是因為「無明」——社會、遺傳，與人本身的各種意識與作為，自有史以來便一直薰染人的本性，使得人有各種欲望煩惱。因此人最重要的是要獲得智慧，破除迷妄執著，重新張開心靈之眼。這些都繫於自己的「一念」，所有諸佛菩薩的功用只在於「渡」，亦即協助自己獲得那一念。

　　到底「超越」的可能性存在於何處呢？是在我之內，還是在我之外呢？讓我們回到剛剛的定義上。超越就是合理地引導自我的本能欲力而推動自我的完全實現。換句話說，自我超越的動力來自於本身，但是能否超越卻不在於我。因為言「超越」便是指從「我→非我」或曰「我→超我」的變動過程，既然是變動，則變動的目的便不在現在的我身上——自己缺乏的東西必不能由自己滿足，而必須來自於其他事物。雖然自我的完整

展現是在我身上，但是要「超越」自我，最重要的還是那個可以清楚地看出自我架構的「眼光」（View）。很可惜地，我們現在就是缺乏這種眼光。有了這種眼光，我們便能透視自我的本質；能透視自我本質就能洞察自我存在的責任與方向，知道了方向，我們的欲望便不再盲目，便能夠漸漸地讓實存與本質相合一，讓我的生活合乎我最自然的眞實面目。

因此，我認爲人本身具足衝力可以自我超越，超越現在的我而且愈來愈能發揮潛力，但是我到底要走到什麼地方，則需要一個更高更超越的眼光。基督宗教稱之爲「聖靈充滿」、佛教稱之爲「悟」、道教稱之爲「冥合於道」、一貫道稱之爲「玄關竅」。人必須找到一個目標，可以將我們的力量整合至一個方向，以超越我們孤獨的存在狀態，這種整合並指引內在欲力的需求構成了「宗教感」，而宗教感便是宗教之所以可能的因素。

三、人的自我超越

馬克斯・謝勒認爲「自我實現的同時就是自我神話之鄉」❶，人永遠在尋求著自我神化，而「上帝」是在自我實現的過程中所產生的。基本上，謝勒把「自我實現」與「自我神化」給等量齊觀了。我卻認爲，人的「自我超越」事實上就是「自我實現」；但是更重要的是，自我再怎麼超越還是「我」，人的追求超越是爲了更加實現本質，而非失去本質。人藉著宗教的

力量來獲得開啓「心靈之眼」的鑰匙，並且藉這個新的眼光來
導引自我內在向上超越的力量，終至於讓自我的潛能完全得以
實現。因此，我強烈地認爲，一個好的、合乎人性的宗教，必
定能夠讓它的信徒更自在地作他自己，而不是被灌輸成爲某一
種特定的典範。也許在自我實現的過程中，人因爲階段性的
「超越」而得到程度上的「高峰經驗」，致使自己錯以爲已經到
達了終點，已經與神合一成爲神了；但是，自我超越絕對無法
自我神化，反而會因爲知道自己的限度而更加謙虛與睿智。

弗洛姆在《人性的最終發展》一書中，認爲人的自我超越
是與生俱來的命運，是上帝在創造時便說過的❶；馬賽爾則認
爲「創造性的獻身」是存在的必然目的，而「獻身」的對象
呢？馬賽爾認爲是已經與「絕對存有」連結了的「深度自
己」；後者分享了前者的豐富與超乎經驗永恆的自由❶。人的
確不斷地在世上尋求自我的實現，盼望了解自己的眞相、了解
自己的意義與價值、了解自己的限度，並且找到一條最適合自
己本性的生活旅程，自在而無恐懼地生存。也許，這個「超越」
的意義與以往習慣被灌輸的價值觀念不一樣；但是我相信，活
出百分之百的我，才是人的眞正本性！

問題思考

1.請分享自己對「靈魂」的看法。

2.你是否有過「直觀」的經驗？那是怎樣的一個情形？

3.「直觀」與「洞察」有何異同？

4.何謂「人格」？衆多心理學派的說法之中，你最欣賞哪一派的說法？爲什麼？

5.你以前認爲什麼是「自我超越」？你認爲「自我實現」與「自我超越」有何關係？

推薦書目

1. J. F. Donccel著，劉貴傑譯（1989），《哲學人類學》，台北：巨流。

2. 克魯格編著，項退結編譯（1976），《西洋哲學辭典》，台北：先知。

3. 馬賽爾著，陸達誠譯（1983），《是與有》，台北：台灣商務。

4. Ernest R. Hilgard、Richard C. Atkinson、Rita L. Atkinson合著，鄭伯壎、張東峰編譯（1986九版），《心理學》，台北：桂冠。

5. 馬克斯・謝勒著，陳澤環、沈國慶譯（1989），《人在宇宙中的地位》，上海：新華。

註　釋

❶ 在此，似乎又牽扯到了宗教層面的論述。但是有關上帝各種屬性之討論，基本上仍是屬於形上學與宗教哲學的範疇，而且，不變性與不變本質的論證也是屬於形上學的層面。故不能完全算是以未證實的宗教預測作為前提。

❷ 見 J. F. Donccel 著，劉貴傑譯（1989），《哲學人類學》，台北：巨流。

❸ 見克魯格編著，項退結編譯（1976），《西洋哲學辭典》，台北：先知。條目 63「意識」，頁100。

❹ 同前，頁101。

❺ 亞里斯多德在其《形上學》卷九1051a有一段文字：「……所以把潛在存在的事物帶進現實，就可以發現它們。這因為思想就是現實活動。這就是說潛能由現實得知，人們通過這樣做而得到知識。雖然單獨的現實在生成上在後。」之前亞里斯多德是以幾何圖形舉例，很多定理只要把圖畫出來便清楚了。因此，我們的洞察是「由現實來發現潛能」。見苗力田主編（1997二刷），《亞里士多德全集》第七卷，北京：中國人民大學，頁217。

❻ 見馬克斯‧謝勒著，陳澤環、沈國慶譯（1989），《人在宇宙中的地位》，上海：新莘，頁38，53～58。

❼ B. Lonergan, *Insight*, N. Y.: Philosophy Library, 1957, p.316.

❽ 見楊紹南著（1996.3七刷），《人生哲學概論》，台北：台灣商務，頁48。

❾ 見 Ernest R. Hilgard、Richard C. Atkinson、Rita L. Atkinson合著，鄭伯壎、張東峰編譯（1986九版），《心理學》，台北：桂冠，頁510。

❿ 同前，頁517。

❶見劉英茂編（1980.9三版），《普通心理學》，台北：大洋，頁323。

❷同前，頁324。

❸見同註❸，條目389「超越性、超越界」，頁426。

❹同註❻，頁78。

❺弗洛姆以創世故事中上帝所說的話來作自我佐證。他說：除了人之外，上帝
創造了萬物後都說「神看著是好的」，那代表萬物在受造後即已完備；唯獨創
造了人之後沒有說，因為人是被創造成為一個「開放系統」，是要成長與發展
的。見弗洛姆著，孟祥森譯（1971），《人性的最終發展》，台北：有志，頁
197～198。

❻見馬賽爾著，陸達誠譯（1983），《是與有》，台北：台灣商務，頁85。

第二部

大師的心靈——

東西方心靈大師系列

第四章　心靈大師系列 I ── 回歸至善的奧古斯丁

在一次上時間管理的課上，教授在桌子上放了一個玻璃的罐子。然後又從桌子下面拿出一些拳頭大小、正好可以從罐口放進罐子裡的鵝卵石。當教授把石塊放完後問他的學生道：「你們說這罐子是不是滿的？」

「是！」所有的同學異口同聲地回答。

「真的嗎？」教授笑著問。然後再從桌底下拿出一袋碎石子，把碎石子從罐口倒下去，搖一搖，再加一些。再問他班上的學生：「你們說，這罐子現在是不是滿的？」

這回他的學生不敢回答得太快。

最後，班上有位學生怯生生地細聲回答道：「也許沒滿。」

「很好！」教授說完後，又從桌下拿出一袋沙子，然後把沙子慢慢倒進罐子裡。倒完後，再問班上的學生：

「現在你們再告訴我，這個罐子是滿的？還是沒滿？」

「沒有滿，」全班同學這下學乖了，大家很有信心地回答說。

「好極了！」教授再一次稱讚這些「孺子可教也」的學生們。

稱讚完了後，教授從桌底下拿出一大瓶水，把水倒在看起來已經被鵝卵石、小碎石、沙子填滿了的罐子裡。當這些事都做完之後，教授正色問他班上的同學：

「我們從上面這些事情中學到什麼重要的功課？」

班上一陣沈默，然後一位自以為聰明的學生回答說：

「無論我們的工作多忙，行程排得多滿，如果要逼一下的話，還是可以多做些事的。」這位學生回答後心中很得意地想：「這門課到底講的是時間管理啊！」

教授聽到這樣的回答後，點了點頭，微笑道：

「答案不錯，但並不是我要告訴你們的重要信息。」說到這裡，這位教授故意頓住，用眼睛向全班同學掃了一遍後說：

「我想告訴各位最重要的信息是，如果你不先將大的『鵝卵石』放進罐子裡去，你也許以後永遠沒機會把它們再放進去了。各位有沒有想過，什麼是你生命中的鵝卵石？」

什麼是我們生命中的「鵝卵石」？是和我們心愛的人長相廝守？是我們的信仰？教育？夢想？值得奮鬥的目標？作年輕

人的好榜樣？為下一代留下一些值得的回憶？也許在今晚上床之前，或一個人安靜的時候，我們都該想想「什麼是我們生命中的鵝卵石」這個問題。我們都知道怎麼用小碎石加沙和水去填滿罐子，換句話說，我們很懂得以各種方法來浪費掉自己的生命與時間，但很少人懂得應該先把「鵝卵石」放進罐子的重要性。

　　現在我們要來認識一位西方的「心靈大師」。他其實不能算人格完美的人，他驕傲、好色、墮落、薄情寡義。但是他最後終於獲得平靜而安然的生活。為什麼他有資格稱為心靈大師呢？接下來我們就要介紹一下這位奧古斯丁。

第一節　奧古斯丁之生平與思想根源

一、奧古斯丁之生平

　　我們若要知道奧古斯丁對西方基督教的影響有多大，只需要看西方教會在稱呼他時，在前面冠上了一個「聖」（Saint）字便可知一斑。在他身上，猶太教傳統、基督教神學——特別是保羅神學與約翰的神秘主義、柏拉圖思想與新柏拉圖主義、摩尼教的二元論、苦行修道主義❶（monasticism）等等要素，與

他自身強烈而極端的性格相結合，展現出其戲劇化的一生與豐沛多樣的思想內涵。我們可以分為三個階段稍加介紹其生平。

1.**放蕩期**：在奧古斯丁出生至十九歲之前，他完全承襲了他異教父親荒淫好色的本性。354年，他出生於北非的塔迦斯特城（Tagaste），父親是商人，而母親莫尼卡是虔誠的基督徒。如同所有傳奇人物一般，奧古斯丁自幼便天資聰穎，十歲時便已通曉拉丁文與希臘文；十一歲至馬道拉城（Madaura）攻讀拉丁文學，並在那裡的四年生活中，盡染該城的奢靡放蕩。十八歲到迦太基（Carthago）攻讀修辭學，在當地罪惡的環境中盡顯其放蕩本性，並與其女主人生下一名私生子。

2.**衝突期**：當他在迦太基浮沈於欲望之中時，因為卓越的語文能力，也開始閱讀斯多葛學派的作品與拉丁文學，開始對「真理」產生興趣。根據奧古斯丁在其《懺悔錄》（*Confessions*）中自白，其實他對自己的罪惡生活非常厭惡，卻又無法自拔。他開始選擇信奉「摩尼教」，因為此宗教強調善惡二元之爭鬥，相當合於他自己的心境。二十歲後於迦太基自創修辭學院。在這段期間，他也逐漸受到新柏拉圖主義哲學之影響，透過新柏拉圖思想的洗禮，使他內在已充分準備好接受當時基督宗教的吸引。三十歲與摩尼教主教佛斯特（Faustus）晤談後，對該教產生懷疑；隔年至米蘭遇見新柏拉圖主義的基督教主教盎博羅

修斯（Ambrosius）後，開始鑽研基督教思想，並閱讀《新約聖
經》，深深受保羅與約翰的吸引。但此時，他並未放棄俗世享樂
的生活。

3.回歸期：當他三十二歲時，感受到神秘的神聖經驗，並受
到同鄉安東尼創立修道生活的刺激，於是決心皈依基督教，離
開情婦恢復獨身。隔年受洗成爲基督徒，並參加安東尼的修道
行列，其間母親及獨子先後去世，於是他全心於教會工作。於
391年被祝聖爲神父，並於四年後受封爲主教。從此完全擁護並
投身於基督教之中。他最負盛名的著作就是其自傳《懺悔錄》，
以及論到基督信仰與塵世生活之相對性的《上帝之城》（The
City of God），論人的自由與有限的《論自由意志》（The Free
Will），及《論基督恩典與原罪》（The Christ Grace and The
Original Sin）等等。

二、思想根源

雖然我剛剛已提到奧古斯丁深受猶太教傳統、基督教神
學、柏拉圖思想與新柏拉圖主義、摩尼教的二元論、苦行修道
主義等影響，但我們還是可以找出影響他最深的思想根源，那
就是「柏拉圖思想」與「基督教思想」。

（一）柏拉圖思想

在此我們不對柏拉圖思想詳加介紹，因爲那是哲學史的工

作。我們要簡單介紹柏拉圖對於「認識」的著名學說——「理型論」，它不但影響了奧古斯丁對真理的看法，也形塑了初代基督教哲學的認識論。

　　柏拉圖認為真實的知識不是來自於我們眼睛所見的諸事物，而是來自於存在超越界的「理型」。這從人類對於塵世事物的追求永不滿足可以得到印證。眼睛所見的諸事物都是複製於「理型」而來的，而這些「理型」便置放在人的「靈魂」之中，一個真實的人便是能完全依循著靈魂之指引而生活的人；也因此，真正的知識來源便是靈魂中的「理型」記憶，人藉由塵世事物的激發，回憶起靈魂曾在超越界所接觸到的諸「理型」，因此而得到真正的知識。

　　「理型」有其最高等級——至善。至善分受了祂自己給所有的存有物，離祂愈近則存在等級愈高。因此，人必須摒棄肉體與物質的羈絆，努力追求至善的境界。如果能一步一步愈脫離物欲，則代表自己一步一步接近至善，表示自己的存在層次愈來愈高。

　　知識的目的便是藉由多多回憶理型界的諸般知識，讓自己愈來愈清楚知道靈魂墮入凡間之前與至善相接近的光景。記得愈多則會愈摒棄此物質世界，回歸至善界。所以柏拉圖強調否定肉體欲望而追求精神超升，我們曾聽過「柏拉圖式戀愛」，指的便是純粹精神式的戀愛。

（二） 基督教思想

　　基督教對於奧古斯丁而言，是他體驗到無上恩典的根源。在他皈依以後，畢生所要追求的便是上帝的愛。而受到了柏拉圖的影響，他認爲只有對自我與肉體的愛完全棄絕後，才能成就對上帝神聖的愛。

　　在奧古斯丁看來，對肉體的屈服是人類墮落的主因，因此他對「罪惡」的觀點是跟隨基督教偉大的使徒保羅的看法。亞當因爲其貪欲與自大而犯下原罪，同時也將此罪性遺傳給全人類，所以人在世時必定無法克制自己的肉體欲望，而無論在思想層面或實際行爲上，產生各種不同的罪行 —— 這就是本罪。這代表了上帝對人自由的不干涉與人對自我的無能爲力。

　　「自由」是上帝給人最大的禮物，祂不直接干涉人的抉擇與行爲。但是因爲原罪，人不再絕對自由 —— 對欲望不自由。這一點奧古斯丁有著最深刻的體驗，因此他強調：眞正的自由是可「否定欲望」的自由。

　　但是人既然對自我欲望的控制是無能爲力的，如何可以自由呢？奧古斯丁因而強調唯有透過耶穌的恩惠與其肉體復活，才能有效地消除原罪的罪性，人的靈魂才能免於被其墮落本性所苦惱。因此他信奉基督教「道成肉身」之教義，而且認爲那是人類得到超越的唯一契機。耶穌是「道」 —— 絕對的智慧，卻爲人類的罪惡「成肉身」來進行救贖，以自己的生命作爲所

有人類的贖價。故「道成肉身」是人類超升的唯一通路。

第二節　心靈超升之道——雙向之道

一、追求之道

（一）追求的方向與動力

1.**向內心追求「心靈的企望」**：別人不可能是自己所追求內心的幸福，人不可能向別人詢問自己的內心。所以人只能自己問自己：「我要追求什麼？」經過不斷地詢問與過濾，把無法眞正滿足的東西剔除，到最後要追求「永恆」與「無限」。而什麼東西是既永恆又無限呢？只有「神」——正確地說，只有心靈與神相契合的那種「感受」。

2.**向外追求宇宙萬物之秩序與和諧之根源**：按照奧古斯丁的想法，人面對所有世間紛亂雜陳的現象時，都會想理出其中的規律，然後加以改造。這代表人有追求宇宙萬物之秩序與和諧的本能與能力，而這展現在「理智」之中。換句話說，因著理智自然而充分的發展，人類可以在萬物之中尋找造物主的行動痕跡，並以此作爲立身行事的標準。

(二)「超升」的階段

　　人處於此世上一定會為自己的某些不當行為所苦，為自己對未來的不確定，為死亡的恐懼所苦，要想超越這些，必須經過以下超升的階段：

　　1.不安：誠實地面對自己的不安感，自己對生活、對未來的無力感，以及對死亡虛無的懼怕，承認自己的不安與軟弱。有了這樣的承認，自己才有超升的起點。

　　2.立志：我要脫離此不安與恐懼，將不安轉化為追求解脫的欲力。這是一種意志層次的超升，愈能夠誠實面對自我的人，其追求解脫的欲力也愈強。

　　3.直觀：觀想著將自身的軟弱、罪惡與慘痛經驗一一卸下，放在「超越者」手中。在此時，尋找一個你所肯定的信仰，並在它面前謙遜。觀想著所信仰的對象的確卸下了自己的負擔。真正的相信才能真正的交託，真正的交託才有真正的釋放。

二、接受之道：「超越者」的主動啓示（revelation）

　　首先，肯定在人之外有一個絕大的能力，可以引領人向正確方向超升。就奧古斯丁認為，人有意志去「追求」，但人也許衝得破自身的局限，卻因為罪找不到正確的方向，到最後可能在虛無縹緲中無所適從，終至結束自己的生命。此時必須有外

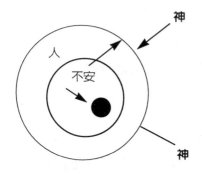

圖形意義：

當人面對自己的不安時，會向內及向外尋求解決。經過不斷詢問自己內在並過濾答案，終可在內在尋找到神的概念 —— 但不是神；而向外尋求時，必須有上帝的主動啓示來指引向外追求的驅力受到啓示的吸引，人才能真正體驗到神。對神的概念與遇見神的體驗合一，才算是真正認識。

來的吸力來引領自己進入正確的方向。而這便是超越者——上帝的主動啓示，這才是人得以完全的最主要因素。

其次，上帝的主動啓示展現於：

1.創造：造物者在一切所造的事物中展現其智慧、秩序與美感。人若用心尋求，必可從萬事萬物中找到「眞、善、美」的影子。而人具有理智，因而可以尋找到世間萬物所包含著的上帝的啓示❷。

2.耶穌的救贖：「道」——耶穌成了肉身，經過人世間最大的苦難而同理了人的失敗與不足。以自己連接了「上帝」與「人」中間已斷了的聯繫，使人得以藉由祂而「回歸」於神。

3.光照：人看似在萬事萬物之中找尋智慧與解脫之道，其實是要藉著事物來引發自己「靈魂的回憶」。但若無神聖的光照，

則再怎麼找也不能引發回憶。就好像沒有了光，鏡子再怎麼樣也不能反射事物的原貌。故須靠造物者以光照人的心。

第三節　回歸於至善的心靈

奧古斯丁以自己的生命與親身體驗來告訴我們如何回歸於至善。他為我們提供了兩條路：以熱情追尋真理、以謙遜服膺真理。藉由對奧古斯丁的認識，我們可以歸納出一些結論：

一、 正視並接納自己的無能及脆弱

當我們軟弱時，不要故作堅強，不要扭曲壓抑。承認自己的軟弱並面對它，當你愈正視它，你就愈能將它轉換成成長的驅力。我們太常背負著社會的期待而活，我們被要求堅強，被要求不展現自己的短處與弱點；久而久之，我們也被自己給騙了，忘了自己其實是有脆弱的一面，忘了自己其實也有無能無助的時候。一個不知道自己缺點的人，是不可能真正自我超越的——因為他不知道該從哪裡開始超越起。所以我們要學著正視並接納自己軟弱無助的那一面，愈能誠實去面對，則轉變的動力就愈強。

二、 謙遜地尋求、用力地尋求（只要不滿足就繼續尋求）

向內心尋求自己靈魂渴求的聲音，誠實面對自己內心的企盼；向大自然尋求其中的美好，謙虛地向自然尋求和諧與秩序。因此，我們要學會安靜地傾聽 —— 傾聽自我內在的聲音，探觸靈魂本能的指向；也擁抱自然，傾聽大自然的律動。現代人太驕傲了，不懂得在自然面前謙卑、不懂得在未知事物前謙卑、不懂得在自己能力不足處謙卑、不懂得對人性謙卑，致使人和自我的關係錯亂、人和知識的關係錯亂、人和自然的關係錯亂。我們得學會謙遜而不止息地尋求，像奧古斯丁一樣，終究可以讓我們找到真理。

三、 臣服於真理，有向真理低頭的勇氣

當我們似乎追尋到答案時，不要因為它不合乎現實生活的利益而放棄；不要因為它不合自己的習慣與價值模式而放棄。要有臣服於真理，向真理低頭的勇氣。人世間的問題常常不是找不到答案，而是找到答案後卻因為不符合自己的想法而放棄。奧古斯丁最大的長處，是他真心尋求真理，而且願意向真理低頭，為了真理放棄以往的價值觀、名利、享受與愛情。如果我們能有像他一般的勇氣，相信我們的心靈將更成熟，我們的生活將過得更理直氣壯。

註 釋

❶修道主義是在西元四世紀由安東尼（獨居修道主義）與帕科謬（B. C.
EPachomius,?~346）（群居修道主義）在北非開始提倡。安東尼便是奧古斯丁
的同鄉。修道生活基本上是禁欲而苦修的，一般人相信這與四世紀時流行柏
拉圖思想有關。相關看法見Philips Rousseau撰 "Christian Asceticism and the
Early Monks" 一文，收錄於*The Social World of the First Christians : Essays in
Honor of Wayne A. Meeks,* edited by L. Michael White and Ol Larry Yarbrough,
(Philadelphia: Fortress Press,1995). 頁120～134。

❷在基督教經典《聖經‧羅馬書》一章二十節也有類似的記載，這是基督教建
立其「自然神學」的重要基礎。

第五章　心靈大師系列II ── 深沈而勇敢的存在主義

　　一位音樂系的學生走進練習室。鋼琴上擺放著一份全新的樂譜。「超高難度……」他翻動著，喃喃自語，感覺自己對彈奏鋼琴的信心似乎跌到了谷底，消磨殆盡。已經三個月了！自從跟了這位新的指導教授之後，他不知道為什麼教授要以這種方式整人？勉強打起精神，他開始用十隻手指頭奮戰、奮戰、奮戰……琴音蓋住了練習室外教授走來的腳步聲……指導教授是個極有名的鋼琴大師。授課第一天，他給自己的新學生一份樂譜。「試試看吧！」他說。樂譜難度頗高，學生彈得生澀僵滯、錯誤百出。「還不熟，回去好好練習！」教授在下課時如此叮囑學生。

　　學生練了一個星期，第二週上課時正準備讓教授驗收，沒想到教授又給了他一份難度更高的樂譜，「試試看！」上星期的功課，教授提也沒提。學生再次掙扎於更高難度的技巧挑

戰。 第三週，更難的樂譜又出現了，同樣的情形持續著，學生每次在課堂上都被一份新的樂譜剋死，然後把它帶回去練習，接著再回到課堂上，重新面臨難上兩倍的樂譜，卻怎麼樣都追不上進度，一點也沒有因為上週的練習而有駕輕就熟的感覺，學生感到愈來愈不安、沮喪及氣餒……

　　教授走進練習室。學生再也忍不住了，他必須向鋼琴大師提出這三個月來何以不斷折磨自己的質疑。教授沒開口，他抽出了最早的第一份樂譜，交給學生。「彈奏吧！」他以堅定的眼神望著學生。不可思議的結果發生了，連學生自己都訝異萬分，他居然可以將這首曲子彈奏得如此美妙、如此精湛！教授又讓學生試了第二堂課的樂譜，學生仍然呈現出超高水準的表現……演奏結束，學生怔怔地看著老師，說不出話來。「如果，我任由你表現最擅長的部分，可能你還在練習最早的那份樂譜，而且，不可能有這樣的程度……」教授，鋼琴大師，緩緩地說著。

　　人往往習慣於表現自己所熟悉、所擅長的領域。但，如果我們願意回首，細細檢視，將會恍然大悟：看似緊鑼密鼓的工作挑戰、永無歇止難度漸升的環境壓力，不也就在不知不覺間養成了今日的諸般能力嗎？因為，人，確實有無限的潛力！有了這層體悟與認知，會讓我們更欣然面對未來勢必更多的難題！

　　各位，你們曾覺得生活空虛嗎？生活有時會覺得不自由，人生其實是荒謬的，你們曾經有過這種感覺嗎？某天早上起床要刷牙洗臉時，突然對鏡子中的人感到陌生嗎？在社會大齒輪的運轉中，你覺得自己已被淹沒而毫無意義與作用嗎？你們覺得自己已漸漸被數字與價格給取代了嗎？你們曾想要自殺嗎？今天我要為各位介紹一群志同道合的同伴。他們同樣覺得他們的人生是不自由的，他們被拋到一個荒謬的社會之中，但他們勇敢而用力地控訴，終於吸引了六○至七○年代歐美年輕的心靈，並讓他們的社會重新反省。他們就是所謂的「存在主義」思想家。

第一節　存在主義之意義

一、何謂存在主義？

(一)「存在」的意義

　　常常有人抱怨，說就算唸了「存在主義」的相關文章，仍然不能確實明瞭何謂「存在」。有的受過古典哲學訓練的人便以亞里斯多德與聖多瑪斯‧阿奎那對「存在」的說明，去理解存在主義所提出的存在概念，結果便碰了一鼻子灰。存在主義所

使用的「存在」概念是有多元意義的。「存在」的英、法文都是existence，德文是existenz，其字根是來自希臘文的existanai或拉丁文的existere，意即「出現於外的存有」。基本上，自亞里斯多德一直到黑格爾為止，西方哲學家幾乎很少為「存在」下定義，原因無他，因為「存在」的普遍性與單純性是已經超越了任何可定義的類概念與種差概念。所以「存在」常常被與「有」、「是」相等同。但是，當「存在」以「有」與「是」來指稱時，其意義就不同了。前者指的是「現實存在」（Dasein）——有個人存在；後者指的是「本質存在」（Wesen）——他是人。

海德格（Heiderger, 1889～1976）為了更清楚表達「現實存在」的現存性與特殊性，於是將Dasein直接用於表達人類的存在。因為唯有人是無法以任何東西或其他人來代替的絕對性存在，因為其他的事物只是「單純存在於那兒」，就算有生命也只是「生存於那兒」；而只有人能真正意識到自己存在的無可替代性，也能選擇自己存在的方式。

沙特（Sartre, 1905～1980）細分了海德格對存在的說法，將「現實存在」分為三層：存在物、工具性存在與人類存在。前二種稱之為「置於世界中的存在」（être-au-milieu-du-monde）；而後一種稱為「世界內的存在」（être-dans-le-monde）。兩者最大的區別便是：「人的存在」是一種不斷前進

的投向未來的能力。沙特稱之爲「超越自己」（ek-stase）的能力。不過海德格所指人的存在應該是投向於「存在根源」，或稱爲「存在之光」處。因此沙特強調人的存在的「超越性」——人能超越才顯出自由；而海德格則認爲存在重在「自覺性」——唯有自覺才能展露眞正的自我。

　　說了這麼多，到底什麼是「存在」呢？存在主義學家認爲，「存在」便是「人的存在」，但是這個人的存在要能夠有「自覺」，依照眞正的自我不斷地向前開展，不斷地自我超越，這樣才叫做存在，否則便與一般事物或工具無異了。

（二）何謂存在主義？

　　「存在主義」（Existentialism）一詞乃沙特所創，是到了第二次世界大戰之後才出現的名詞。按著剛剛對「存在」的定義，「存在主義」便是使人生成爲可能的一種學說，從各種不同的角度來強調人的存在狀況，肯定人的境遇與人的主體性之學說。「存在」指的便是人的存在，不只是「不自覺」的、「不自主」的，更應成爲具有「自覺、自由、自主」，能實現「眞正自我」的存在。齊克果（Kierkegaard, 1813～1855）曾比喻人的存在就如同一個沈睡的農夫（不自覺的存在），讓群馬拉在熟悉的道路上，看似手握韁繩，但卻不是由他掌控。人也一樣，雖然是活著，但卻不是「存在著」，而只是一種存在物，或工具性存有。當人類在「集體化」、「社會化」、「單一化」的社會處境中，

隨風俗習慣浮沈，常常有不自由、無力、無可奈何、陌生的感覺，此乃自己內在「眞我」在提出控訴，人應面對這些「不自由」的感覺，努力成爲一個「眞實的自我」。

　　爲什麼「存在主義」思潮會在第二次世界大戰之後展開呢？那是因爲在連接兩次世界大戰之後，歐陸瀰漫著一股不安的氣息，原來「人類的進步」的甜美信仰似乎已經被否定了。原來認爲戰爭結束後將回復古老和諧秩序的想法，因著生活與政局的不安定而被無情地摧毀，「虛無」的感覺取代了「希望」。加上戰後歐洲各國爲了重建，極力發展科技，而科技的宰制性與一體性似乎取消了人類的獨特性。人的存在本能受到壓抑，卻又因爲生活需求而無力反抗，人的疏離成爲人際新關係。法國的巴斯葛（Pascal, 1623～1662）、丹麥的齊克果與德國的尼采（Nietzsche, 1844～1900）在十八及十九世紀的預言❶似乎實現了。因此，人的存在意識便重新在此時被提出來探討。

第二節　存在主義的特色

　　「存在主義」學者有許多：齊克果、尼采、海德格、雅士培（Jaspers, 1883～1969）、沙特、卡夫卡（Franz Kafka, 1883～1924）、卡繆（Albert Camus, 1913～1960）、馬賽爾。其中最有

成就者爲海德格、雅士培、沙特。不過值得一提的，是有些存在思想家不喜歡被冠上「存在主義」的稱呼。如海德格公開反對「存在主義」這個名稱；雅士培則認爲存在主義乃存在哲學之死。雖然他們對社會的反映方向不必然相同，也不必然有相同結論，但是他們都有相同的要點：

一、重視心靈與「負面感受」

「存在主義」學者有一個共同的要點，便是重視人的「實際存在」，並對人存在的各種狀態從各種不同的角度加以探討。他們都從人的主體性出發，固執於人的現實存在，而非把人給本質化或概念化。因此，他們便可察覺並指出內心各種負面感受，且承認其眞實性，由此證成個人存在之眞實，便是在「當下」之社會環境中指出有意義的精神活動。

二、「反抗意識」的正視與提出

「存在主義」的重要特色之一，便是他們對當時被視爲合理的社會與思想提出嚴厲的懷疑與指控。因爲不願意被社會瀰漫的「絕望不安」與「疏離感」所淹沒，所以他們奮起反抗，並啓蒙人們正視自己的反抗意識。因爲會反抗代表有自覺，代表自己是存在著而且正爲著自己存在的開顯與超越而奮戰。他們的反抗主要針對三個向度：

（一）反抗「集體主義」所導致的「取消個人」現象

　　無論任何時候，「集體主義」常常披著各種形式的外衣
——國家安全、社會安定、經濟進步、國家重建……等等，來
取代個人存在的價值。這對注重個人存在的存在思想家而言，
是無法忍受的。像齊克果反抗丹麥的政府與基督教會一直以
「公眾意見」與「群體意識」取代個人；雅士培嚴厲批評德國政
府以「福利國家」之機械化運作來吞噬個人的權益與價值；馬
賽爾對法國人「生活日趨社會化」，並對戰後法國政府以國家權
力代表一切的情形感到憂心；沙特在其演說中一再反對納粹一
體化的統治。

（二）反抗「傳統形上學」

　　在我前面敘述定義時，曾提到過古典形上學對於「存在」
之思考，常落入「本質性存在」的窠臼，而遺忘了存在本身之
意義。既然要重新彰顯「存在」，便必須對傳統形上學徹底檢
討。無論齊克果、海德格或沙特，都對古典形上學提出嚴厲的
批判。海德格在其《存有與時間》中批評傳統形上學是想用思
想來規定存有，並藉此來宰制存有；齊克果尤其反對黑格爾之
空泛觀念論，因為在觀念論的體系之下，所有的人都被化約為
純粹觀念，就像化石一樣靜悄無聲；沙特則反對自聖多瑪斯·
阿奎那以來的基督教形上學，因為那對於人的實際存在不具任
何意義。

(三) 反抗「物質主義」與「實用主義」

因為人類是獨一無二的存在,任何人都不能被其他任何事物(包括數字)代替,所以對於將「物質」與「效用」視為一切價值之根本的學說感到極端厭惡。而科技文明帶來的「物化」(人變成了東西)與「數字化」(以工作號碼或薪資來代替個人),更加劇了存在的衝突。人淹沒在集團之中、消失在機械之中、同化於組織之中,遺忘了自身的存在,喪失了自我的價值。「存在主義」要拯救人類被「非人化」的危機,所以要反抗科技文明所帶來的「物質主義」與「實用主義」。

第三節 存在主義的心靈哲學重點

一、 存在先於本質

以往的哲學家只談「本質」,而忽略存在 —— 將之歸給上帝(上帝給予存在,故不談何謂「存在」)。事實上,一事物若不先「存在」,則其任何性質或本質皆無從理解,「現實存在」是一切本質之基礎。一事物存在後,其「本質」才能慢慢彰顯出來;人「存在」之後,才能以各種方法去設想自己、塑造自己。人「行為之總和」(含思想、欲求)就是人之「存在」,人

是自由的，故人必須爲自己負責。相對於古典的形上學及觀念論，「存在」重新獲得一個優越的地位。「存在」絕不能由「理念」導出，也絕不包含在「概念」之中，存在先於一切——存在先於本質。

二、由「主體性眞理」強調人的「主體性價値」 （Subjective Value）

存在主義家認爲「眞理」有兩種：主體的與客體的。眞正的知識除了「合乎被認識的客體眞相」外，更要「合乎認識主體的生命內容」。以往哲學家認爲眞理是「普遍的」、「不變的」；但事實上，因爲人是不斷自我超越、自我創造的，所以「眞理」也應當是「活潑的」、「自由的」。在此，存在主義極爲尊重個人的「尊嚴」，因爲任何人都有其個別的生命，而且每一個生命情境（主體認知客觀環境）都是獨一無二的。每個人各有其生存方式，當一個人眞正地存在著時，他正在建構一個眞實而獨一的眞理。眞實社會之所以成立即建立在「眞實存在的個體」上。「一體化的社會」是虛假的，唯有社會中每個個人都完全發揮自我意志的創造力，理想社會才能形成。

三、　人的存在之情境

(一)　疏離（Estrangement）

「疏離」可從兩方面來講：一是指人與外界的分離破裂（人、自然、社會制度、科學技術等）；一是指人內心紛亂不安的感覺。「疏離」的原因是因為陌生。我們對極端重視工業技術的社會生活產生陌生感，因為它的發展不合乎我們的人性本原。但是為了生存與被認同，我們又必須展現出一種「和諧」與「習慣」的陌生面具。因為對外在社會陌生，又對自己的表現陌生，故人會感覺到孤立而被鎖閉，這就是「疏離」；按海德格的術語，我們是被拋到一個不是由自己選擇的境遇中。此時人應當面對「疏離」，並「披帶」上這些因疏離而產生的苦難感覺，我們才有可能超越之。

(二)　空虛與焦慮（Nothingness and Anxiety）

就存在主義而言，「虛無」是一種實際的經驗，尤其當我們面對「生存就是對死亡」這個事實時，此經驗更為鮮明。因此，當人面對「虛無」時，便感覺到生存的絕望，因而感覺到「焦慮」。大部分的人無法面對這個殘酷的事實，因此變成兩種極端：自殺或自我麻醉。事實上，人皆會常常感到焦慮，卻無法說明或理解焦慮的來源或因由，這代表人生內在存有虛無。這種焦慮使得人與外界的關係產生崩落，人找不到依靠。在此

一切虛假的和平全都被放棄之時，正是「眞實的存在」要重新
建立之契機。

（三）荒謬性（Absurdity）

存在主義認為，存在、生命與死亡本身都是沒有意義的、
都是荒謬的，它們無法說明也無法理解。今天它們之所以具有
某些意義，實在是因為人所給予的。而人在疏離的社會中，常
因著虛無與焦慮而進行自我欺騙，因此大部分的人存在是荒謬
的。荒謬的人給予的意義也是荒謬的，因此世界充滿了荒謬
性。在卡繆的《異鄉人》中，主角馬蘇的自我誠實對荒謬的世
界而言變成一種荒謬，因著對生命的認眞所以對世界冷漠，但
卻因為誠實地自我表達而被荒謬的世界給處死。有一個類似的
故事叫做「被下毒的井」，內容是說某一個國家的國王發現自己
國內的水井被敵人下毒，人民喝了都導致瘋狂。他大聲疾呼要
人民認清事實不要喝水，卻反被人民捉住，說他不喝水就是奸
細，不但要廢他的王位，更要將他處死。國王怎麼辦？最後他
也隨之荒謬，把水喝了。

四、上帝死亡

尼采在十九世紀末歐陸的頹廢思潮中，從基督教會找到了
病源。他在《查拉圖斯特拉如是說》中大聲疾呼：「眾神死
亡，我們需要的是超人降臨……」他認為，人類的苦難經驗正

好證明上帝的不完美、不公義與不公正。因為有上帝，人可以
不負責任；因為有上帝，人不能自我抉擇；因為有上帝，人不
能自我塑造與負責。事實上，人心中的上帝已經死了，人只是
把理想與道德當作神來崇拜。在十九世紀的歐洲，現在或許也
一樣，因著生於基督教國家而成為基督徒的人之中，其基督信
仰其實是一種無神論。上帝之名成為人推諉的工具。因此，上
帝是否存在沒有意義，就算上帝存在也一樣沒有意義。因為人
需要的是重新發現他自己，因為除自己之外，沒有東西能拯救
他。上帝可以死亡，而且上帝必須死亡，否則人類無法重生。

第四節　深沈而勇敢的心靈

　　讓我們看看「存在主義」的思想重點為我們揭露了什麼樣
的心靈：

一、　正視絕望，從絕望中找尋希望

　　以往的思想家甚少人以「情緒」、「感受」作為研究的主
軸，更遑論「負面的感受」了。然而存在主義不但正視絕望，
更從絕望中找尋希望。這給我們一個「逆向思考」。正如奧古斯
丁一般，在不安之中才能找到上帝。我們必須正視心中所有的

負面感受——孤獨、無奈、無意義、空虛、焦慮⋯⋯因爲這正是「眞我」在被扭曲中所提出的控訴。從絕望之中來尋找眞實的存在，正是存在主義的特色。

二、具有對不合理事物不妥協的勇氣

存在主義的不妥協「反抗」性格擄獲了五〇年代到七〇年代的年輕人。「不妥協」是使自己不致被同流合污的一個重要因素。事實上，我們很明顯看出社會上有許多不合理與不公義，但爲了在此陌生世界中被肯定，我們視而不見，甚至成爲不合理事物的擁護者。事實上，我們應試著對以往不加思索就接受的事物重新加以懷疑，對於不合理事物就算不加以控訴，至少不對它妥協。

三、對個人價值最深刻的肯定

存在主義極爲尊重個人的「尊嚴」，因爲任何人都有其個別的生命，而且每一個生命情境（主體認知＋客觀環境）都是獨一無二的。當一個人眞正存在時，他正在建構一個眞實而獨一的眞理。我們在這個社會中不知不覺地被同化、被解構、被取消，卻仍懵然不知，因爲我們根本從未肯定自我的個人價值。這是多麼可怕的事啊！唯有肯定自己才能眞正找到自己，唯有接受自己才能超越自己。

問題思考

1.你是否曾有過任何負面情緒（生氣、緊張、焦慮、絕望、
　……等）？它們對你有什麼意義？你一般而言如何處理它
　們？

2.你對社會上「數據化」與「數字化」的現象有何看法？

3.對你而言，存在主義的心靈是否給了你什麼啓示？

推薦書目

1.理查‧塔那斯著，王又如譯（1995），《西方心靈的激
　情》，台北：正中。

2.石朝穎著（1998），《誰聽見我苦悶的心跳聲》，台北：水
　瓶世紀。

註　釋

❶ 巴斯葛針對笛卡兒理性主義提出質疑，他認為笛卡兒所強調的理性至上論，
是不切實際的，那將帶來思想與現實的斷裂。人不過是一根「會思考的蘆
葦」，再怎麼會思考，絕對不能忘卻自己只是根蘆葦，人應該隨時對自己的存
在與生存表現出憂慮與關心；而齊克果則批評黑格爾，因為黑格爾的思想無
法解答哲學與現實生活的關係，而這將使人變成概念，一切的思維都將變成
虛妄。人必須不斷地關係到自我，而且會對自己的存在感到無力。這種無力
與絕望可以是「絆腳石」，也可以是轉機──是新宗教與新哲學的轉機。至於
尼采的「上帝死亡」是針對十九世紀頹廢的基督教而發出的控訴。我在文中
將加以介紹。

第六章　心靈大師系列Ⅲ ── 自由悠遊的莊子

　　有一個富商到某座小島去度假。他在小島上釣魚，當地的島民也在一旁釣魚。島民們熟練準確地釣了一、兩條魚後，便一一收起釣具離開。富商對於這樣的現象感到十分不解，於是當最後一個島民正準備離開時，他問島民：「為什麼你們只釣一、兩條魚就走了呢？」島民回答：「因為這夠我們一天吃了！」富商又問：「為什麼你不多釣一些呢？」島民：「為什麼我要多釣一些？」富商：「這樣你多釣的吃不完的魚就可以拿去賣掉賺錢啊。」島民：「我賺這些錢要做什麼？」富商：「這樣你就可以買更大的網，來捕更多的魚！」島民：「捕那麼多魚做什麼？」富商：「這樣你就可以賺更多的錢！」島民：「賺更多的錢要做什麼？」富商：「這樣你就可以買一艘船！」島民：「我買船要做什麼？」富商：「有了船，你就可以像我一樣來到小島度假和釣魚了啊！」島民：「我現在不就是在做

這件事了嗎?」富商:「……」

　　有人可能會覺得富商的用意沒有錯,只不過他誘導的方式與方向錯了;也有人覺得這個島民實在是不求上進,庸碌平凡,生命沒有迸發火花,簡直浪費生命;當然也有人覺得島民的生活其實也不錯,悠閒自在,何必扼殺自己的生命?事實上,現代人的「成功哲學」,在講求效率與功能的前提下,幾乎都朝著「富商」模式在進行。但是,卻又常常在獲得所謂的「成功」後覺得空虛,甚至自我結束生命。這是一個相當值得思慮的問題:「成功」到底是什麼?怎樣的生活才算是真正成功的生活?同樣是地球上的子民,有些人的生活簡簡單單,有些人的生活極盡奢華之能事,究竟什麼樣的生活才不辜負此生?

第一節　莊子其人

　　莊子是一個熱愛自由與自然的人。日本人福永光司將莊子比喻為中國古代的「存在主義」哲學家,其實是相當貼切的。從中國各個思想家的作品來看,大概找不到一個比莊子更通達更悠遊的人了。在他主觀的心境上,實已達到無所不通、無所不透的境界,人世間再也沒有任何東西可以繫縛他的心。我們舉三個例子來證明:第一,有一次,齊宣王遣使來找莊子,想

請他擔任宰相一職。莊子便以生活在水塘污泥中自由自在的烏龜，以及死掉而殼被飾以金銀做占卜用的烏龜爲例，強調自己寧作自由龜而不作廟龜，這代表了他對於名利的不動心 ❶；第二，莊子的妻子死了，莊子不但不悲哀哭泣，反而敲著水盆而唱歌。他的朋友看不過去了，便質問他何以如此絕情無義，莊子回答說：「人且偃然寢於巨室，而我嗷嗷然隨而哭之，自以爲不通乎命，故止也。」可見莊子對哀樂早已不入胸中 ❷；第三，莊子視生死爲一循環過程，強調「萬物皆出於機，皆入於機」，更是置死生於度外 ❸。因此，莊子可謂精神層面的「超人」。

一、約略生平

莊子姓莊名周，戰國時宋國人。史記說他與齊宣王與梁惠王同時，因此他與孟子應是同時代的人。他曾做過蒙縣漆園吏（漆樹園之看守人），一生窮困，甚至沒米煮飯，他老婆可能也是因爲營養不良而病死的。但是因爲宋國是歷史文化氣息相當濃厚的國家（因爲宋人多是殷商遺民，商朝文物保存最多；且宋國收藏不少西周的史書以及往來之公文、國書），故莊子對以往商、周至春秋之事頗有所知，因此造就了他豐富的學術心靈以及各國風土知識；除此之外，因爲宋國國勢弱小，常常成爲兵燹之地與大國禁臠。歷史記載，自春秋時代起，齊晉爭霸、

晉楚爭雄、齊秦逐鹿……只要是大國之間的戰爭，宋國幾乎都無法倖免，於是才會有向戌的弭兵之議。如此的地理與歷史背景，都使得莊子熱愛生命與自由。在豐富的學術心靈以及熱愛生命與自由兩種特質的陶鑄下，造就了莊子這位道家最具人文關懷的思想家。近人考證他生卒年代應為西元前369至286年左右。

二、思想傳承與特色

一般而言，莊子思想傳承於老子應無疑問，莊子自老子處傳承了「道」的概念與認知，而從楊朱處得到「全生保真」說法，從列子處得到「虛」的概念，從關尹得到「貴靜」說。且不說這些傳承是否真實，但這些思想確實可在《莊子》書中尋到。

但是，莊子思想之所以偉大，卻不在於這些傳承。他的偉大在於他那「洞察萬物的直覺力」、「縱橫奔放的想像力」與「不斷前進的創造力」。在莊子直覺、想像與創造高度揉合下，把原來具有分別差異的宇宙世界，合成了一個「無差別」、「無人我」、「無鴻溝」的混沌整體，而「人」則遊乎其中。莊子以主觀體驗的結果描述個體人生，並展現出強烈的超越性格。我們可以說，莊子建立的不只是一個思想體系，更是一種「生命情境」。

第二節 莊子思想的特點

一、 熱愛生命

說莊子是熱愛生命的哲學家，主要是因為他的思想重心是放在生命問題的思考上。莊子認為的「心」，是引起人們煩惱憂苦的根源，是人類一切造作與罪惡的根源。對事物愈追逐，彼此的傷害愈大。人若想活得自由快樂，必須藉由虛、靜、損、忘等功夫，徹底從現實人生翻上去。同時藉由尊重萬物的存在與循環，促使人重新思考生命的意義與價值。在戰國當時禮壞樂崩、人民生活苦不堪言的時代，莊子的確展現了他對所有生命的尊重與熱愛。而且這種熱愛不但是對人，更延伸至宇宙萬物，因此變成萬物一體的感情，而強調萬物平等。

二、 萬物平等

在《莊子》書中，充滿了萬物一體、萬物平等的思想，亦即普遍尊重生命的偉大精神。莊子一再認為萬物循環生滅，故無高下之分，因此人無權利去摧殘破壞自然界及其他生物，人不能以一己之主觀標準去規定萬物。在〈大宗師〉篇中，一再

強調造化給予萬物形體並不具必然性，人未必是萬物的最高級
者。宇宙萬物與人一樣是自由的，有自己的意志與權利。而人
能對所有生命肯定，才能真正尊重自己的生命，而得到天人相
合的最高價值。

三、因任自然

　　《莊子》書中強調最和諧最完美的狀態便是萬物皆順其自性
而活動。事物的「本然」狀態便是最好的狀態，人類亦然。自
然真實的人性才是一個人所應追求的，因為一切的自然都歸屬
於「道」。只要真正找到自己的真性，便等於回歸自然之道；回
歸自然之道，便同時能掌握萬物存在與變化之道，觀照出萬物
運行之理──鳥兒飛行之道、江水湍流之道、烈火燃燒之道、
甚至木石紋路之理，莊子稱之為「真人」。「真人」的面容寂靜
安閒，喜怒像四時般自然，順應萬物的變化而隨遇而安；甚至
可以到達「登高不慄、入水不濡、入火不熱」❹的境界。

第三節　莊子的心靈哲學重點

一、用心若鏡，不將不迎，應而不藏，故能勝物而不傷❺

此處的重點在於「用心若鏡」四個字。以「不得已」的心態自然地生活、以不得已的心態賺錢、以不得已的心態應酬……讓心如同鏡子一般，不主動去求什麼東西，不動計謀，不強行任事，不耍計巧，只誠實地反映外在的一切。如何做到呢？就是要順應自然本性，不強求也不迎合，省察自己的起念是否出於本性。當我決定做一件事之前，先想一想：這真的是我所需要的嗎？我真的必須這麼努力賺錢嗎？我真的必須如此委屈嗎？……不要想佔有什麼，漸漸地你便不會對利益動心，漸漸地你便不會對名聲動心，漸漸地萬物便不會使你動心。最後便可以超越萬物而不為其所羈絆。

二、心齋，坐忘❻

在《莊子》內篇〈人間世〉與〈大宗師〉中分別提到了「心齋」與「坐忘」。「心齋」便是要讓精神專一，不知有己，說穿了便是讓心中完全不具成見，完全剃除了自我的執著，儘

量以事物的角度來看事物，以佛家語便是「無所住」❼。而「坐忘」便是「形如槁木、心如死灰」，也就是拋棄感官之享樂，去除世俗知識的執著，把後天加在身心的桎梏全數拋除，如此所有的喜怒哀樂便不入心中，自然可找到最眞實的人性。因此莊子要人減低對物質享受的依賴，過著儉樸簡單的生活；放下對社會集體標準的強調，尋回自己的主體性，作自己的主人；拋除對知識、主觀意識形態、學位、技術的執著，完全的謙卑、完全的恬淡寡欲，才能聽到心中最眞實的人性聲音。

三、外而守之，朝徹見獨

《莊子》〈大宗師〉中提到自我超升的功夫歷程：外天下→外物→外生→朝徹見獨→超越時空而入於無死生之境❽。其實其中的意義便是：當我們不執著於「外在世界的標準毀譽」（外天下），不被別人的評斷牽著走時，便可漸漸不被「物質欲望」所箝制（外物），心中自然漸漸無所求；而當我不被欲望所箝制，不爲外物所牽掛，便漸漸可以超克「生死的恐懼」（外生）：當生死皆無所懼時，心中自然「澄澈光明」（朝徹），如晴天無雲一般，此時甚至能完全把握住自己「生命獨特的意義與價值」（見獨），亦即找到了回歸自然之道，同時更可關照出萬物之理。更因之知道古往今來，甚至未來的天地變化，皆不脫此「自然之道」（無古今）。到此境界，人便可以與天地精神

相合一，生死已無差別，可謂入於不死不生之境。

第四節　自由而悠遊的心靈

　　今天我們看莊子的思想，可以發現他對於社會所有苦難的理解，全都指向「心靈」。人的自私心、分別心、佔有心，使得社會問題層出不窮。莊子深刻地看到了這些問題，也深刻地同理了人們的苦難。社會不是因為沒規則才亂，是因為規則太多才亂；人心不是因虛空而焦慮，是因為太多垃圾還一直擠東西進來才焦慮。今天我們反省自己的生命與價值觀，當我們覺得焦慮時，我們的焦慮是否來自我們太會追求太會執著，以至於找不到自己的本性，看不到自己真正的需要？藉著莊子，我們似可找到一些方向。

一、恬淡寡欲，順應自然

　　要做到完全的「虛靜」，而到達「不動心」是極為困難的，我想那也違反現階段年輕人血氣方剛的自然人性；事實上，我個人認為上帝讓人有欲望代表欲望便具有某種積極的意義。但是有一點我們可以試著做做看的，便是不要有那麼多欲望，不要有那麼多追求，不斷問自己：我真的那麼需要這東西嗎？我

真的需要這麼汲汲營營嗎？我真的愛我身邊的人嗎？一定要像現在一般地相處才叫愛嗎？在一連串問題之後，或許我們將會發現自己的追求只是一時衝動。慢慢的自己將會覺得生活可以儉樸一點、自然一點，慢慢的便可以愈來愈順應自然的本性了。

二、尊重生命，萬物平等

　　世界的破壞來自於人類自以為是萬物之主宰，自以為存在的等級高過於其他生物與無生物，自以為可以依人的智慧隨意改造這個世界。現代人太驕傲了，不懂得對自然謙卑、不懂得對生命謙卑、不懂得在自己能力不足處謙卑、不懂得對人性謙卑。致使人和自我的關係錯亂，人和自然的關係錯亂，人和世界的關係錯亂，人和神聖的關係錯亂。莊子說天下萬物為一，便是要我們尊敬生命，我們人類要做的，並不是為世界萬物訂定它們的存在秩序而自己高高在上；反而應該將人類擺在所有萬物之中，找到人類在萬物秩序中的定位，以安身立命。人能對所有生命肯定，才能真正尊重自己的生命。畢竟，我們只是「管家」，不是「主人」。

三、不執著、不固執成見，因爲在塵世上沒有絕對不變的東西

要想真自由就必須真正掃除心中所有的牽絆。包括對分數的執著、對愛情的執著、對金錢的執著、對面子的執著、對真假對錯的執著。因爲執著其實是無意義的、是荒謬的，所謂「意義」是隨著人的發展而不斷改變其面貌的，今天對我有意義的東西，可能明天便失去意義了。我們應不斷追尋意義，但不要視爲絕對而執著，因爲此世界上並沒有絕對不變的東西。要看到不變，除非是我們不執著了、不以自己的想法來評斷一切，但是那時候變與不變已經不是那麼重要了。莊子說：「託不得已以養中。」意思即爲我們以「不得已」的心志來面對一切，無論是成就、榮譽，抑或是挫敗、屈辱。

問題思考

1.何謂「心齋」？何謂「坐忘」？何謂「朝徹」？何謂「見
　獨」？請各舉一生活的實例以說明之。

2.你對於《莊子・大宗師》中所揭示的修養功夫歷程有何看
　法？你是否已認識或曾見過達到如此修養境界的人？

3.你是否喜歡莊子的心靈？最欣賞哪一點？為什麼？

推薦書目

1.葉海煙著（1990），《莊子的生命哲學》，台北：東大。

2.韋政通著(1981)，《中國思想史》(上)，台北：大林。

3.喬長路著（1990），《中國人生哲學》，北京：中國人民大
　學。

4.石朝穎著（1998），《誰聽見我苦悶的心跳聲》，台北：水
　瓶世紀。

註　釋

❶記於《莊子》〈秋水〉中。

❷記於《莊子》〈至樂〉中,這個朋友就是惠施。

❸同樣記於《莊子》〈至樂〉中。原文相當長,由「種有幾:得水則爲𧎾,得水土之際則爲……」到「青寧生程、程生馬、馬生人,人又反入於機。萬物皆出於機,皆入於機」爲止,主要說明萬物有形象的變化,我的精神在哪個形體中,就變成那個東西。因此只有形體變化,而無生滅。

❹見《莊子》〈大宗師〉。

❺見《莊子》〈應帝王〉。

❻「心齋」出於〈人間世〉,原文爲:「若一志,無聽之以耳而聽之以心,無聽之以心而聽之以氣,聽止於耳,心止於符。氣也者,虛而待物者也。唯道集虛,虛者,心齋也。」而「坐忘」則出於〈大宗師〉,原文爲:「墮肢體、黜聰明,離形去知,同於大通。」

❼《金剛經》云:「應無所住而生其心。」亦即要我們以不執著、自在的心來看事物。

❽見《莊子》〈大宗師〉,原文爲:「吾猶守而告之,參日而後能外天下;已外天下矣,吾又守之,七日而後能外物;已外物矣,吾又守之,九日而後能外生;已外生矣,而後能朝徹;朝徹,而後能見獨;見獨,而後能無古今;無古今,而後能入於不死不生。」

第七章　心靈大師系列IV ── 自在無礙的禪宗

　　有一個皇帝想要整修在京城裡的一座寺廟，他派人去找技藝高超的設計師，希望能夠將寺廟整修得美麗又莊嚴。後來有兩組人員被找來了，其中一組是京城裡很有名的工匠與畫師，另外一組是幾個和尚。由於皇帝沒有辦法決定到底哪一組人員的手藝比較好，於是就決定要給他們機會作一個比較。皇帝要求這兩組人員各自去整修一個小寺廟，而這兩個寺廟互相面對面；三天之後，皇帝要來驗收成果。工匠們向皇帝要了一百多種顏色的顏料（漆），又要求了很多的工具；而讓皇帝很奇怪的是，和尚們居然只要了一些抹布與水桶等等簡單的清潔用具。三天之後，皇帝來驗收兩組人員裝修寺廟的結果，他首先看看工匠們所裝飾的寺廟，工匠們敲鑼打鼓地慶祝著工程的完成，他們用了非常多的顏料，以非常精巧的手藝把寺廟裝飾得五顏六色。皇帝很滿意地點點頭，接著回過頭來看看和尚們負責整

修的寺廟，他一看之下就愣住了，和尚們所整修的寺廟沒有塗上任何得顏料，他們只是把所有的牆壁、桌椅、窗戶等等都擦拭得非常乾淨，寺廟中所有的物品都顯現出了它們原來的顏色，而它們光澤的表面就像鏡子一般，無瑕地反射出從外面而來的色彩，那天邊多變的雲彩、隨風搖曳的樹影，甚至是對面五顏六色的寺廟，都變成了這個寺廟美麗色彩的一部分，而這座寺廟只是寧靜地接受這一切。皇帝被這莊嚴的寺廟深深地感動了，當然我們也知道最後的勝負了。

我們的心就像是一座寺廟，我們不需要用各種精巧的裝飾來美化我們的心靈，我們需要的只是讓內在原有的美，無瑕地顯現出來。我們在前幾個單元介紹了回歸於至善的奧古斯丁、深沈而勇敢的存在主義、自由悠遊的莊子，他們各有其自我超脫的方法與歷程，也為我們展現了不同風貌的生命情調。在這一單元，我們要來認識中國最自在的心靈——禪宗，看看禪宗宗師們如何帶領我們走向自在無礙的境界。

第一節　禪宗的淵源

一、禪的由來與意義的演變

「禪」即梵文的「禪那」（Dhyana），意指「靜慮」、「思維修」，意思是指在心無旁鶩的情況下作修鍊❶。在《奧義書》中又稱「瑜伽」，即所謂的「禪定」——藉由讓身體保持最恰當的姿勢，幫助自己靜思凝心、專注觀境，協調思想與肉體的修鍊方式。在中國，一開始是以小乘面目出現於東漢，但後來卻成為大小乘共有的修行法門。大乘有「六度」——布施、持戒、忍辱、精進、禪定、智慧，而禪定與精進、智慧並列，可見它在佛法修持上的重要性。

在中國，對「禪那」的涵意有了新理解始於六祖慧能。慧能強調了「禪」原來的「智慧」涵意，認為大徹大悟的產生，與專心靜坐並無必然的因果關係。這種新理解影響了南傳禪宗的發展❷。而後因為佛禍，禪宗漸漸演變成「叢林」❸。「叢林」特別重視勞作制度，膾炙人口的百丈名言「一日不做，一日不食」就是禪宗勞動的典型。也因之，勞動與禪修漸漸合一，勞動中亦能修禪。這也影響了後來「生活禪」中「生活即福田，

工作即修行」的觀念。

二、禪法的分類

一般而言，禪法可分為兩類：一是由慧能以及早期禪師們所揭示不用任何觀法，不立文字，不假修行，要求瞬間斬斷煩惱、頓悟自性的「直指」。但是由於修禪者的悟性高低有別，而大部分人皆須有師傅導入，故不普遍；另一種叫做「參話頭」或「參公案」，亦即是由悟者借用某一句話或聲音，讓參禪者一再參問下去，猶如唸佛號一直唸下去一般。「公案」或「話頭」都是為了要打破執著與迷妄的，比較適合於一般的修行人。在本文後段亦將對「參話頭」作說明。

第二節 禪宗的特色

一、遇悟成智

成佛不在於苦修而在於覺悟，而覺悟則有賴於智慧的啟迪。因此禪宗不重苦修、坐禪、甚至讀經，因為這些東西常常是阻礙心靈澄澈的障礙，反而會執著於苦修、坐禪與讀經。事實上，覺悟在於開啟悟者的「本心」，開悟需要鑰匙，不需垃

圾。只要修道者認爲什麼才是得悟的法門時，那個法門將成爲將心給包起來的垃圾。心道法師曾把沒有開悟的心比喻作「蒙古包」，他說：「人若希望離苦得樂，獲得自由，就要開悟自己的心。心若是沒有開悟，就像包得緊緊的蒙古包；在蒙古包裡，看不到天空、海洋，也看不到綠地。心沒有打開，怎麼可能不生煩惱呢？所以，我們要開悟自己的心，像太陽一樣光明，只有在明亮的天空下，看一切才都無障無礙。」

二、明心見性

慧能曾說：「若向身中覓自身，即是成佛菩提因。」❹其中「自身」即是眞如淨性。意思是佛不假外求，佛即是我的本來面目。禪宗延續大乘佛教認爲一切衆生皆具佛性的想法，認爲「眞俗一如」、「凡聖不二」。只要不思善不思惡，便可見本來面目。明心即見性，見性即成佛，此乃一刹一悟之事；只要見到了本心，便可到達不思議的妙境。因此禪宗要人時時自我觀照，看見自己的心緒，明白自己的性情。之所以不要立文字，是因爲這會造成「灌輸」，心性因而會被扭曲。佛法便是找到眞正的自我，發揮眞正的自我意識，同時以眞實的自我重新看世界、定位世界，這就是「自在」。

三、定慧不二

定是修持，慧是理論，「定慧不二」意即將理論與實踐完全合一。天台智顗被稱為「定慧雙美」，但畢竟定是定，慧是慧。禪宗要人真實地生活，以修行之心活在當下，做到吃、喝、拉、撒、睡、坐、臥、行無一不是修持，若能如此，也將看到處處都是智慧。因此，禪宗不言「寂滅」，反而言「自在無礙」。只要「不滯」，則可洞見生活中的種種喜樂，如此則可到達「日日是好日，處處有佛法」之生活禪境界。

第三節　禪宗心靈重點

一、 禪：自我意識的覺醒

禪，簡單而言，便是「認識自我本質」的實踐功夫。按習禪者言，「禪」可以為人指出一條脫離所有內在束縛，釋放一切正當而又自然地儲存在我們每個人中間的能力。而「認識自我本質」即是自我的意識完全覺醒，藉著深刻的精神體驗來完全認識自己的真相，甚至是下意識或潛意識的部分。值得一提的是：禪宗認為所有的人都有其本來面目，修禪者該做的，便

是以智慧來了解屬於自己的真實面目。若我要張三的方法來了解自己，也許我可能增加一些知識，但卻永遠不可能覺悟。所以就此層面而言，禪宗與存在主義實有異曲同工之妙。

二、 悟：看事物的新角度

鈴木大拙說：「習禪在於獲得一個新觀點，透視事物的本質。」我們可稱之為「悟」。它可以是一種「自在的觀看」，也可以是一種「瞬間解脫的經驗」，更可以是一種「直觀的察照」。要獲得這種「悟」，必須先了悟自己的本質；當我了解自己的真實本性之後，便同時知道自己在世界的定位，因此當我看其他事物時，便可以清楚地知道它對我的意義。這便是一種「新角度」。有了這個新角度，我們可以不帶成見地傾聽、不著喜怒地去欣賞、自由自在地去思考。

三、 自由與安心

「禪」的一個極重要特色便是「自由」。而自由便是「不滯」，要不滯便是要「不分別、不佔有、不強求」，而要能做到便須「回歸自己的內心聲音」。找到了心就是安心，換句話說，只對自己真正的誠實，才能找到真正的自己。有個故事這樣講：

　　有位樵夫生性愚鈍，有天他上山砍柴，不經意地看見一隻從未見過的動物，於是他上前問：「你到底是誰？」那動物開口說：「我叫『領悟』。」樵夫心想：「我就是缺少『領悟』啊！把牠捉回去算了！」這時，「領悟」就說：「你現在想捉我嗎？」樵夫嚇了一跳：「我心裡想的事牠都知道！那麼我不妨裝出一副不在意的模樣，趁牠不注意時趕緊捉住牠！」結果，「領悟」又對他說：「你現在又想假裝成不在意的模樣來欺騙我，等我不注意時，將我捉住。」樵夫的心事都被「領悟」看穿，所以就很生氣：「真是可惡！為什麼牠都能知道我在想什麼呢？」誰知，這種想法馬上又被「領悟」發現。牠又開口：「你因為沒有捉住我而生氣吧！」於是，樵夫從內心檢討：「我心中所想的事，好像反映在鏡子裡一般，完全被『領悟』看清。我應該把牠忘記，專心砍柴。我本來就是為了砍柴才來到山上的，我實在不應該有太多的欲望。」樵夫想到這裡，就揮起斧頭，用心地砍柴。一不小心，斧頭掉下來，卻意外地壓在「領悟」上面，「領悟」立刻被樵夫捉住了。

我們常想去悟出真理，卻反而為了這種執著而迷惑、困

擾,追求眞理的心反而使我們不安、不自由。因此,只要恢復率直之心,徹底地順從自然,道理就唾手可得了。

四、 在生活中修禪

禪宗宗師認爲現實世界就是理想世界,而理想世界要在現實世界中求得,因此不鼓勵苦修靜坐;事實上,苦修靜坐是爲求內外安靜來達到解脫,而生活的種種際遇便是修行,生活的種種領悟便是智慧。故人必須專注、虔誠、而盡力地活著,領略生命中的各種滋味,如此才能透視人生之苦,找到生命之喜悅。

五、參禪的方法:參話頭→以直觀與意志代替理智

禪宗的參禪方法是用「感受」與「實踐」的方法,而不是用「理解」的。所以禪宗是「以心傳心,不立文字」。但是當必須運用到文字時,便和一般語言使用的方法大異其趣:禪師要求學生去「感受」對於所聽到的文字聲音與心中的反應,不要著墨於文字的意義。因此,「參話頭」成爲言詞表達中最常見的方法。要參話頭一般有下列六種方式:(1)矛盾對立法:不斷舉出問者之矛盾而致掃除其妄念;(2)否認法:禪師一再否定問者的問題,促使參者拋棄「問」的執著;(3)直接感受法:感受禪師的聲音與內心的第一反應,那可能是自性的眞相;(4)反向

思考法：不斷以參問者欲追求答案的反面或不合常理的回答，來讓對方發現自己執著之缺失；(5)重複法：不斷重複問者的問題或某一個話頭，像唸佛一般一直唸下去而致頓悟；(6)棒喝法：此乃曹洞宗最常用的方法，以聲音與身體的震撼疼痛來逼使參者頓悟。

第四節　自在無礙的心靈

一、傾宇宙之力，活在眼前一瞬

　　按禪宗所言，生活即修行，生活即智慧。那麼真正地生活便是解脫的重要法門。這對現代人是非常重要的，因為現代人的痛苦在於無盡地追求，欲望的不滿足。但是如果一個人願意將「尚未得到的未來」先放著，懂得活在當下且珍惜所擁有的，那他會更自在，在他剩餘的人生將不再有遺憾與後悔。認真地吃飯，吃出飯的香味與菜的甘甜；用力地走路，細數每一步路讓自己如何更接近目的地；認真地愛家人，想想沒有了他們我會變得如何……用盡所有的精力，只求當下認真地體驗所有的苦與樂。

二、常常靜下來，孤獨地、簡單地活一下，聽聽自己內心的聲音

我們聽不到蟬鳴，常是因為周圍太吵了；我們看不到星辰，常是因為地上光害太重；我們聞不到花香，常是因為有太多味道圍繞著我們；我們聽不到心中的聲音，常是因為心裡面有太多的欲望與雜音。所以有時我們必須找尋一段時間，過過孤獨簡單的生活，最好回歸完全的自然，接觸水流、接觸風吹、探觸土壤、抱著樹木聽其脈動……等等，如此才能夠在不依靠任何外力、不與擾亂心靈的事物接觸之情況下，聽聽自己心靈的聲音。

三、就算還沒有找到「新角度」，但常常用「不同」的角度觀看事情

人不敢冒險，因為不熟悉的東西會令他不安。其實人的不自由常常來自他「不敢自由」，缺乏自由的勇氣。生活是如此、工作是如此，甚至連思想也是如此。禪宗講禪悟，其實取決的是一種態度、一種決心。也許修禪者尚未能完全明瞭自己全然的面目，但是只要他肯回歸當下，常常要求自己用另外的、非習慣使用的觀點來看事情，那麼他的心將不再受限於某種特定的方向，有更多更自由的選擇等著他。例如不必每天走同樣的

路上班上學、不必每天都用同樣的肥皂洗手洗臉、偶爾做些平常不會做的改變，久而久之，他將會比一般人更明瞭什麼是「海闊天空」、什麼是「任意揮灑」，他的心將可得到自由。

四、學著體會意義，不要只汲汲於理解意義

我們不能永遠停留在內心不起分別念頭之狀態中（若我們真能不起分別心的話），我們會很想表達自己經歷的任何經驗，並藉之更深刻地明白自己。我們可以說：人類是必須有所表達的，意即人類會在內心產生出分別的念頭並加以分析反省。但是，當我們開始「反省」並「敘述」某事物時，我們便與之有所分別了。禪宗的宗師們理解這個問題，故言「以心傳心，不立文字」。而若真必須要以語言表達，就只能以「話頭」、「生活」開示，盡量讓自我意識與所要表達的事物保持合一的狀態。當人只想著要役使文字時，反而常常掉入文字的羅網之中。我們習慣於「理解」，而讓「感受」的能力退化了。因此當大家只著重在文字表面的意義，忘了重視使用文字的主體之心靈時，文字語言便常會因此造成誤會。「心有靈犀」其實不是神話，是超越一般的「意義」之後所得到的一種境界。也許不需要很熟識，懂得感受的人就能有「靈犀」。因此與其說禪宗是一種「思想」，不如說它是一種「藝術」，一種能協助自我認識、泯除物我限制而讓心靈自在超升的藝術。

問題思考

1.何謂「禪」？何謂「悟」？「禪坐」的意義在哪裡？

2.何謂「生活禪」？你認為生活中可以修禪嗎？你是否曾有
過這種經驗呢？

3.在你的生活經驗中，是否曾因為「語言」的使用不當而造
成他人的誤會呢？你如何解決？禪宗的思考模式是否給了
你什麼啟發？

4.你是否欣賞「禪宗」的心靈？欣賞哪一點？

推薦書目

1.嚴耀中著(1991)，《中國宗教與生存哲學》，上海：學
林。

2.石朝穎著（1996），《觀自在手記》，台北：水瓶世紀。

3.鈴木大拙著（1971），《禪與生活》，台北：志文。

4.釋心道著（1971）（1991），《清涼法味》，台北：靈鷲山
般若文教基金會（贈閱）。

註　釋

❶《瑜伽師地論》卷三三云:「言靜慮者,于所一緣,系念寂靜,正審思慮,故名靜慮。」

❷ 唐代懷讓禪師與馬祖道一的對話便可看出這種演變。道一在衡岳山習坐禪,懷讓有意渡之,便問:「大德坐禪圖什麼?」道一說:「圖作佛。」懷讓便取一磚頭,在廟門前開始磨磚。道一問:「磨作什麼?」「作鏡子。」道一奇了:「磨磚豈能成鏡邪?」懷讓便言:「磨磚既不成鏡,坐禪豈得作佛?」後來懷讓又開示道一:「汝學坐禪,爲學坐佛?若學坐禪,禪非坐臥。若學坐佛,佛非定相。于無住法,不應取捨。汝若坐佛,即是殺佛。若執坐相,非達其理。」懷讓的意思是執著坐禪,不必然能得智慧,反而可能成爲智慧的絆腳石。見嚴耀中(1991),《中國宗教與生存哲學》,上海:學林,頁235。

❸「叢林制度」便是由唐朝道一禪師與懷海禪師所創,因爲唐武宗對佛教的迫害,他們便在江西省丈山建立寺院,並設立清規制度,強調重法不重佛,懷海並設「普請法」,要求叢林和尚都能擔任勞動工作,成爲典型的農禪經濟制度。

❹ 見《六祖壇經》第五十二〈自身眞佛解脫頌〉。

第三部

心靈重建

第八章　心靈重新回歸──
《小王子》導讀

　　有一天，小孫子從幼稚園放學回家，大聲叫著：「爺爺！爺爺！」「小乖孫，什麼事啊？」爺爺疼惜地問。「爺爺！蘋果裡面有一顆星耶！」「那不稀奇啊！你每次吃蘋果最後剩下來的核，就是蘋果的心啊！」「爺爺不是啦！人家是說蘋果裡面有一顆小星星啦！」小孫子急著澄清此星非此心。爺爺正色地說：「不要胡說！蘋果裡怎麼會有星星呢？」「爺爺！爺爺！是真的啦！蘋果裡真的有一顆星星啦！」拗不過小孫子的撒嬌，爺爺的愛心開始超越了他那自以為是的理性，終於和顏悅色地問小孫子，「那你可不可以把蘋果裡的星星找出來給爺爺看呢？」

　　「好啊！可是爺爺你要先給人家一個蘋果和一把刀嘛！」爺爺一面為小孫子準備，一面叮嚀：「要小心刀子哦！」「人家知道啦！」小孫子一面回答，一面把蘋果橫放在桌面上舉刀就要切……爺爺看了，忍不住大叫：「不能這樣切！」一面把蘋

果搶過來,重新直立在桌上,然後告訴小孫子:「切蘋果要從上往下切才對!」不知道平常你如何切蘋果?是不是也和爺爺一樣呢?

其實幾乎99%的人都像爺爺一樣,先把蘋果的五爪貼在桌面上,讓蘋果先四平八穩地站好,然後再一刀切下去,也許因為絕大多數的人都這樣切蘋果,而在習以為常之後,我們就會像那位爺爺一樣,慢慢把這個習慣的切法,當成了「唯一」的切法,所以一旦看到小孫子沒照「傳統習慣」的方法切蘋果,就要氣急敗壞,就要立刻攔阻,爺爺是不是正是你我的一面鏡子呢?

「爺爺!讓人家照人家的方法切好不好嘛!」小孫子又開始撒嬌了。撒嬌本來就是全世界最溫柔、效果最大的一種方法,小孫子一撒嬌,爺爺的堅持又慢慢開始軟化。「好啦!好啦!那就照你的方法切,可是要小心哦!」小孫子一面歡呼,一面再把蘋果橫放,然後朝著中央切下去,蘋果霎時被分成了頭尾兩半,而蘋果中的五粒種子,恰好整齊地在這兩半的中央構成了一顆星星。爺爺看著星星,不禁緊緊地摟著孫子,因為這輩子吃了這麼多蘋果,直到今天,爺爺才發現原來蘋果裡面還有那麼漂亮的一顆星星!

你曾經吃過多少顆蘋果呢?如果你像爺爺一樣,從來沒看

過蘋果裡的星星，那也許正是對我們墨守成規的一種提醒，它提醒我們不要拘泥成規，它提醒我們不可安於習慣，它更提醒我們要樂於嘗試來使生命寬廣，它也啓示我們要用精益求精來豐富人生的彩妝。過去不知你如何看待變革？你是常把變革看成一種威脅的老公公呢？或者像這個小故事一樣，你是一位歡喜變革的新爺爺呢？這眞是一個值得深思的抉擇，因爲，選對了，人生才會更加彩色繽紛充滿希望。

　　我曾在第一個單元說過：開啓自己的想像力——不要把許多事情視爲理所當然，賦予事物新的解釋與定位；加強自己的觀察力——在各種習以爲常的事上加入一些纖細的心；常常學著自我反省——時常保持思想的純淨單純，努力去體認自己心中的意向。但是，在我們的世界裡，彷彿都局限在一種規範內，永遠無法逃脫。除非自己覺醒了，或有人可以讓自己覺醒，否則我們將永遠生存於這一成不變的世界中。所以，今天我們要介紹一個可以讓心柔軟的人——小王子。

第一節　《小王子》一書

　　《小王子》的作者是安特瓦·德·聖修伯理（Antoine de Saint-Exupéry），1890年六月出生於法國里昂，四歲時父親不幸

過世。自幼即對文學深感興趣，常自撰故事、詩歌。因其所受
的是天主教教育，對人類的心靈需求始終懷抱著深切的同情與
關懷，因此他的作品所探討的主題便是強調人與人之間的友
愛、對職責的忠誠，和人性當中光明美善的一面。他的求學生
涯並不是十分順利。1917年赴巴黎投考海軍學校，但結果並未
能如願，於是他就到藝術學校唸建築，但因志趣不合，於1921
年休學到斯塔斯堡空軍服役。退伍之後，他換過各種工作，一
直沒有找到和自己志趣相符的工作。最後，總算成為民航機駕
駛員，因為飛行是他孩提時代即有的夢想。此後便陸陸續續開
始有作品發表。他的作品絕大部分反映其一身經歷，首部作品
《南方信件》（*Courrier Sud*）和後來的《夜航》（*Vol Nuit*）描述
的，都是他在擔任飛行員駕駛任務的艱辛。其後，他也作過記
者，不過後來又開始作飛行員，1953年從巴黎飛西貢，試圖刷
新此一航線飛行速度的記錄，不幸飛機墜落到利比亞沙漠，就
成了《小王子》一書的背景。二次大戰爆發，1943年他流浪到
美國，又發表了《作戰的飛行員》（*Pilote De Guerre*）和《小王
子》（*The Little Prince*）。雖然當時他已年逾四旬，但是他還是堅
持回到北非參加飛行作戰。1944年執行偵查勤務時飛機失蹤。

　　《小王子》就像一個心靈寶庫一樣，對一個心靈桎梏已久的
現代人而言，裡面有發掘不完的寶物。雖然作者說此書是給小
孩子看的，或給仍保有小孩子心情的人看的；但是，我卻認

為，若真正小孩子看了這本書，反而不會有什麼感動。事實上，這書應該給忘了自己曾是如何的小孩子，而現今希望尋回兒時記憶的人。在此，我整理出以下幾個重點：想像力之篇章、紀律與習慣之篇章、情感之篇章，以及心靈食物之篇章。當然，既是寶庫，就不只這些內容。但，我仍盼望可以給讀者一些線索或方法，能一起挖掘其中的寶物。

第二節　想像力之篇章

一、裝有大象的蟒蛇

　　進入《小王子》，首先會看到一幅作者宣稱是畫著「蟒蛇吃象」的圖畫。我相信一般人對此圖的最大問題是：「蟒蛇如何裝得下大象？不合常理嘛！」事實上，「常理」是戕害想像力的重要殺手。人的「合理化」、「效率化」與「規範化」已經將人類世界給規範住了，就像電影《駭客任務》的那個「矩陣世界」一樣。我們可能一直在想：人的一生只能活一百歲、人的一步只能跨四十公分、我是老師，老師就應該如此這般……我是學生，學生只能如此這般……但是，不合「常規」的東西真的不存在嗎？對現實無直接間接幫助的東西真的不重要嗎？我

們看不到的東西常常是因為我不想看到所以才看不到。有一個
故事是這麼說的：英國的尼斯湖一直傳言有水怪，卻未曾受到
證實。一個科學家為證明水怪之說是以訛傳訛，所以用高科技
製造一艘潛艇，可以潛入湖中。同時他在當地找了一位漁夫作
水文的嚮導。在探測的過程中，漁夫一直看著窗外，好幾次似
乎看見了什麼東西，但是都被只望著儀器與數據的科學家給否
認了。當探測結束，科學家憑著科學數據，在倫敦發表了尼斯
湖沒有水怪的報告；而同時間，這個漁夫卻天天與水怪在湖邊
玩耍。到底水怪存不存在呢？Believe, then you can see.

二、盒子裡的綿羊

「請為我畫一隻綿羊。」小王子對作者如此要求。但他不要
一隻一般人印象中的綿羊，他選擇了一個盒子，想像裡面存在
著一隻綿羊。我們如何從箱子外去窺視裡面的綿羊？我先問各
位：什麼是綿羊？為什麼小王子不要畫得出來的綿羊？因為一
旦將綿羊畫出來，牠就死了，牠就不會動、不會吃、不會睡、
不會長大、不會陪自己玩。我們從小喜歡玩芭比娃娃，其實是
想像它是活的、有生命的。各位，你擁有什麼東西是有價值
的？是「活」的東西、是可以「自由自在」離開我又回來的東
西。

我們的想像標準是什麼？我們會不會像一般的大人一樣，

相信數字勝過相信事實？或是因爲一個人的外表、權勢、地位、財富，所以我們就相信他？在剛剛尼斯湖水怪的故事中，科學家不信事實，只信數據。所以他看不到眞相，而且他讓許許多多因著他的地位而相信他的人也看不到眞相。當我們只知道以數據代替眞相、以價格代替價值時，我們已經被「物化」了。當一個人不是因爲他是人而被尊重、甚至不是因爲他的能力而被尊重、甚或不是因著他的專業技術而被尊重，反而因爲他月入十萬元而被尊重時，這個人的存在是多麼可悲啊！各位，請反省：我們判斷一件事是以什麼爲標準？我們交朋友是以什麼爲標準？我們的想像是否是從「對自己有利」做出發點呢？當別人向你敘述一幅圖時，你是因它的價值而欣賞它，還是因它的價格呢？

第三節　紀律與習慣之篇章

一、巴歐巴的反省、定期打掃火山

在小王子的星球上，有一種叫「巴歐巴」的植物。若是在它還小還拔得起來時不去管它，等它長大了，將爆掉整個星球；除此之外，小王子的星球上也有三座火山，每天通一通，

整理整理，讓它們冒冒煙，可以保持安全狀態，甚至可以在上面煎煎蛋作頓早餐。每個人應該都有自己的「巴歐巴」，也有自己的小「火山」。不過我相信很少有人一日「三省吾身」，「三日一省吾身」都幾乎作不到了，不是嗎？雖然如此，為了自己不被「巴歐巴」給佔領，還是要勤快一點，防微杜漸，不要漠視小小的壞習慣對自己的破壞力；若反省到有壞習慣，則應馬上改掉。

二、國王的命令：合理的命令與智者的條件

何謂合理？合乎被命令者之能力並對雙方有利。這位可愛的國王堅持自己的權威必須受到尊重，他無法忍受別人的忤逆。但是他給所有的政治人物一個金玉良言：命令必須要合理。我相信所有人都或多或少存在有「強迫性人格」，但是這時候人必須懂得在要求別人時也要作自我審判 —— 我的要求是否合理？是否對雙方有利？因為若只會要求別人作不合理的事，即使最親近的人也會離你而去。

每個人都可以是自己的國王，同時也是自己的法官。其實，我們一天到晚都在判斷別人：說話不得體、衣服不好看、態度不順眼、做人太龜毛……如果我們是以審判別人的標準來審判自己，那自己的存在可能滿悲慘的。能公正而客觀地審理自己的人，便是智者了；而若更能以審判自己的標準來看待別

人，我想應該離「仁」不遠了。

三、點燈者

前陣子在開車時聽到台北飛碟電台由蘇來主持的一個節目，內容好像是讓所有職場工作者吐吐苦水、發表自己的工作痛苦指數，然後對老闆建言一番。這讓我想起一個作了十年鋼琴調音師的朋友，他平均一天要調二台鋼琴，有時候甚至四天要調完二十台鋼琴。但是相同的工作並未使他變得沮喪，他的秘訣是每次都從不同的音調起，然後將調音當作為鋼琴健診。他曾讓我看過一些重要記錄，我覺得他真的可以開一家鋼琴廠了。相對於每天工作都在為自己評痛苦指數的人而言，我這個朋友真的忠於自己的工作，忠於自己的責任，而且每次的工作他都賦予不同的意義。

有一點是很重要的：學著不要只為目標而做；要為事情本身而做。以點燈者為例，若是為了燈亮而點燈，那麼燈亮了之後工作便完成了，工作本身便不再具有意義；但是若為點燈而點燈，從而欣賞點燈過程中的點點滴滴，那麼每次的點燈就都有不同的體會與收穫了。

第四節　情感之篇章

一、小王子與玫瑰花的愛情

你認為哪一個比較傻？玫瑰花或是小王子？其實都一樣傻。都因著愛而不快樂。為什麼？兩者皆不坦白，一個因為患得患失而自我抬高；一個因為患得患失而自我壓抑，相愛而互相誤會是最悲慘的事。小王子自始至終都關心著玫瑰花；玫瑰花自始至終都依賴著小王子，他們心知肚明，但一定要等到分離的剎那或分離之後才承認。這是愛情的真理嗎？這是常見的現象，但絕不是真理。感情的滋養物之一便是表白。誠實地相互表白彼此的情緒與需求，在「不任性」的前提下，適度讓對方知道自己的依賴與需求；在「不矯情」的前提下，適度讓對方知道自己的關心與付出。絕對不要藉著折磨對方來擁有對方，更不要用折磨自己來折磨對方。

二、狐狸與馴養——關係與意義

當我與某事物建立關係之後，我與它之間便產生了不同的詮釋。事物是短的，朝生暮死的；但是這個關係是可以長久

的，甚至永恆的。你可以掌握控制這個關係的長短深淺，也可以將它擴張。關係建立之後，不但可以「永恆」，也可以「絕對」。因為彼此互相需要，而視對方為唯一。同時關心與他相關或相似的任何事物。例如：我會在眾人之中注意到與自己熟識的人相似的身影，並試著和別人建立關係，讓自己成為許多人心中之唯一。這隻狐狸可謂真正掌握到了「建立關係」的箇中三昧。這其中提到了建立關係之過程：遠而近，用心感覺，不要急著發言，因為「語言是誤會的根源」。愛情的成長過程是：熟悉而後信任、信任而後依賴、依賴而後才有愛。

三、一朵玫瑰與一堆玫瑰

　　一堆玫瑰對小王子之無意義乃在於他們並不相互擁有。玫瑰花不是沒有意義，但是「意義」是人所給予的。當關係建立或關係改變時，意義便會改變。小王子對他關心的那朵玫瑰花所做的一切，累積成了他們二者之間的意義；他對於狐狸馴養過程所做的努力，累積成了他們之間的意義。建立關係，並且付出，關係中的意義才能深廣。

　　你覺得你的人際關係有意義嗎？你覺得你的人生有意義嗎？會不會有時似乎找不到生命或生存的意義呢？用心去建立各種關係。用心去經營、去付出，去累積意義。然後累積這些關係，綜理這些意義，你必然能尋求到你自己人生的意義。

第五節　心靈食物之篇章

一、喝水井中的水

什麼東西對心靈有好處？當這個東西之中含有我的「忍耐＋勞力＋過程＋想像」時，我會因著獲得了它而雀躍。因為我得到的不只是一個東西，更是自我考驗的勝利、美夢成眞、追尋的辛酸與快樂之點滴，以及包含於其中的其他人的貢獻。

因此，當我們吃東西時，要努力想像食物的美好，並感激口中食物的所有成分。讓自己在吃東西時不只是吃東西，更是一種享受。也許食物並不那麼好吃、也許價格有點貴、也許剛剛心情有些糟……但是，若我們能「想像」加上「感激」的話，那麼將會有不同的感受。它將變成一種「心靈的食物」，它將使你感到幸福，它將對你的心靈有益。

二、沙漠中的水井

使星星美麗的是因為有一朵花藏在那裡而我們看不見；使沙漠美麗的是因為不知它在哪裡藏了一口井。使事物美麗的是內在看不見的東西，而我們的期望、想像與追尋，使它顯得美

麗。請分享自己「美麗」的經驗。

「眼睛是瞎的，應該用心靈來尋找。」

第六節　總　結

讀完這本書之後，各位是否覺得自己的心靈柔軟了些呢？是否自己的想像力豐富了些呢？在一成不變的生活以及繁重的壓力下，你如何感覺到幸福呢？這是一本試圖讓人的心靈思想純淨、柔軟而創新的書，裡面還有很多寶藏我並未列出，期待各位讀者一一發掘。我非常期盼每一個故事都是一個驚喜，每一句話都是一則啓示。

如果……世界上有多些人像小王子般純真，世界應該會好一些……我想。

【附錄】給小王子的一封信

親愛的小王子：

　　你一定很寂寞吧！離開你愛的和愛你的那朵驕傲的玫瑰花，到國王之星、虛榮者之星、酒鬼之星、還有地球去旅行，你的旅途會讓你困惑嗎？

　　當你困在一望無垠的沙漠中，仰望浩瀚無盡的星河時，那顆屬於你的星星，一定也很想你吧？在地球，不能時時刻刻看到夕陽，陪你度過悲傷，會不會難過？在沙漠時，交到狐狸之外的好朋友時，你高興嗎？

　　啊！我的問題太多了。我只想讓你知道，你的一舉一動都深深刻印在我心裡，那份天真無邪的思考模式比起那種自以為識時務的想法，更顯得閃耀珍貴。你一定要堅持那份真性情，和那些自以為懂得人情世故的大人們抗衡到底喔！

　　親愛的小王子，你已回到自己的星球了嗎？那條蛇的吻痕是否已痊癒？那朵驕傲的玫瑰花與綿羊是否相安無事？

　　我也曾是小孩子，好像我也有些忘了自己兒時的記憶。謝謝你，喚起了我差點兒被自己扼殺的那份純真。我想，這份純真將會帶著我找到我的小王子的。再見了！

愛你的我

問題思考

1.請整理你認為小王子的心靈具有什麼特質。

2.請就「關係與意義」發表你的論述。

3.何謂「心靈食物」？你的心靈食物又是什麼？

4.重新反省自己生命中的意義。若找不到什麼意義，想想看問題出在哪裡？

5.你對於求學或工作是否曾覺得很煩，甚至失去了動力？你是否曾試著改善呢？你從小王子那兒有否得到什麼啓發？

6.寫封信給小王子吧！

第九章　心靈境界——愛與超脫

第一節　心靈的困境

　　我在「是心靈還是哲學」單元中的「反省台灣人蒙塵的心靈」部分，曾經提到台灣土地病了、台灣人病了，社會秩序混亂、經濟秩序混亂、政治秩序混亂、道德價值混亂、生存環境破敗。不但如此，連賴以作爲「心靈改革」的宗教信仰也出了問題。

　　當一個具有思想自覺的行動個體感覺到他所處的社會已是混亂不堪時，便會設法去改變它。所以許多學者便從他們所專長的領域中，找尋可以作爲有效改變台灣病象的方法與理論。不過絕大部分的理論都是從現象著手，把社會現象化約成他們

領域的問題，這樣的結果的確可以處理他們領域的相關問題
——或社會問題、或心理問題、或經濟問題……但是當該現象
似被解決了之後，新的問題仍舊會產生。結果人永遠只在解決
問題，永遠只能跟在社會現象的後面跑，而無法形成一個真正
有效的指導原則，讓人自由地創造屬於自己的生活。

　　正如許多有名的政治人物都喜歡引用基督教有名的「出埃
及」故事一樣，我個人認為現在的台灣社會是台灣人「心靈的
埃及地」——不自由、受奴役、卻又無可奈何，台灣人最重要
的事便是從這「心靈的埃及地」被解放出來。但是，與那些政
治人物不同的是，我絕非那個負責帶領台灣人出埃及的「摩西」
（Moses），因為我也是那掙扎追求自由的台灣人之一。真正的摩
西不是別人，而是自己。每個人都有能力帶領自己超脫出受奴
役之地，到那流著奶與蜜的應許之地。只不過我們都需要一個
動力，一個足以讓我們抗拒功利意識形態與僵化社會組織的制
約，並不斷給予超越現狀的勇氣之動力。那就是愛！

　　台灣人的心靈困境便是台灣人失去了愛。在台灣，生活品
質的進步與愛心的展現似乎是成反比。當然，還是有人會說：
「不會啊！台灣仍然處處有溫情的呢！你看公車上仍有人會禮讓
老弱婦孺；九二一大地震之後有那麼多感人的助人事蹟，台灣
人的愛心怎麼會少呢？」在此我不針對這種說法作反駁，因為
它的確也說出了一些眼見為憑的現象；我想更重要的工作，便

是分辨「愛」與「同情」與「同理心」的區別，這在我接下來的內容中，將加以說明。

弗洛姆曾說：「除非以極大的努力去發展他整個的人格，並因此獲得建設性的人格發展方向，否則他在愛情上所做的一切努力，注定要失敗……如果他沒有愛鄰人的能力，沒有眞誠的謙卑之情，沒有勇氣、信心和格律，他就無法在自己的愛情中獲得滿足。在一個文化中，這些素質如果極其罕有，則愛的能力也必極其罕有。」❶

我相信台灣人不是不想去「愛」，而是不知道什麼是「愛」；正確地說，是搞不清楚什麼樣的概念才是「愛」，因而不知道如何去「愛」。所以我們必須先處理「愛」的概念與其可能導致的陷阱，並試著實踐「愛」，有了「愛」的動力，我們才能眞正地「超脫」。

第二節　愛的意義與實踐

什麼是愛？絕大部分的時候，似乎只有詩人、哲學家、宗教家才談「愛」；科學家，尤其是實證性科學，始終迴避這個主題。因爲對科學與科學家而言，愛好像是一個引人遐思無窮的概念，它無法證明不科學，有時甚至會引起迷信。

　　相信我們多少對它都有些許的了解，而且每個人都以他獨特的方式在不斷地學習愛：不斷地付出關心、不斷地撒嬌索求、不斷地認識他人、不斷地更換身邊的伴侶……然而，要在不加以學習的情況下，期望了解所有「愛」的樣貌並正確分辨各種不同的「愛」，無疑是不可能做到的。愛，是一股源自生命的力量。但有時就連我們一提到它，心情都會產生莫名的緊張，為什麼呢？也許是導源自對「愛」在語文上的誤解。舉凡世間，最為人濫用的字眼就是「愛」。人可能「愛」上帝、「愛」Hello Kitty、「愛」賓士車、「愛」麥當勞、「愛」一個不認識但看對眼的女孩、「愛」不點名又給高分的老師……人可能將「愛」解釋成男女的關係，或局限為「性」，也可能以聖潔的眼光來看「愛」。但，什麼是愛？

一、愛與合一

　　人對於「愛」所下的定義，是隨著他的成長歷程而不時地改變，拓展其內涵。儘管「愛」的定義因著人、時、地之不同而用法互異，但我們仍可以藉由某些既有的定義或解釋來建構我們的定義。我們在這裡先舉出哲學與宗教對於「愛」的兩種說法吧。

（一）哲學——愛的分類

　　就「哲學」一字的希臘文中，已經有「愛」這個字了。哲

學稱為「愛智之學」，希臘文是由Philie與Sophia兩個字所合成的。Philie指的便是友愛、眞理之愛、無等級之愛。而除了Philie之外，另還有三種愛：(1)Eros：有所求之愛、有目的之愛；(2)Storge：親情之愛、兄弟之愛；(3)Agape：犧牲奉獻之愛、無償之愛、神聖之愛。其中Eros與Agape最爲基督教所討論。前者是一種欲望、上升與努力的趨向，想要自我超越，由人出發想要追求更高層次之物的愛；而後者是由上而下，屬於神所擁有的愛，其內容是自發而無緣由的，是一種白白施予的愛。

　　比蘇格拉底（Socrates）更早的希臘哲學中，Eros已被恩培多克斯（Empedocles）賦予一個相當有意思的功用——結合宇宙元素的力量，此後「愛」與「結合」就再也分不開了。柏拉圖提到「愛」時也以Eros表示，但是他又分Eros爲屬肉欲的和屬精神的兩種，而後者又被等同於Agape——雖然基督教一再撇清兩者有本質上的不同。亞里斯多德也談Eros，但他認爲它是一種追求欲求之物的行動，而此欲求之物可以是宇宙的一切元素。基督教興起之後，發展出了Agape概念，作爲形容神的愛，並類比地運用在人世間超越而無私奉獻的行爲上。近代心理學把「愛」看做是一種「內在欲力」，並以Libido稱之❷。總之，無論是Eros、Agape、Storge、Philie、甚或Libido，都表現出一種「關係」，而且是一種有對象、相交融的對應關係。

(二) 愛的真諦 (聖經)

「愛是恆久忍耐、又有恩慈，愛是不嫉妒。愛是不自誇、不張狂、不做害羞的事。不求自己的益處，不輕易發怒，不計算人家的惡，不喜歡不義只喜歡眞理。凡事包容、凡事相信、凡事盼望、凡事忍耐，愛是永不止息。」(〈哥林多前書〉，十三：1-13)

使徒保羅以這極爲有名的經節說明了基督教在人世間所嚮往的「愛」的境界。他在其中揭露了「愛」的永恆、無私、信任與奉獻的特性，這成爲所有相愛的人必須奉行不悖的準則。

讓我們回到從一開始便一直在詢問的問題：愛是什麼？從上面的舉證敘述我們可以知道，不同的主、客體會造成不同的愛的等級：「愛」因此不是一個特定對象。「愛」也因此不是一種主觀的感覺，因爲不同的對象將會造成不同的感覺，我們不可能就每一種感覺都下定義。「愛」也不只是實際行爲，因爲行爲的多樣化將致使「愛」變得不能定義，而且就算相同的行爲，在不同的人、時、地條件下，也有不同的意義。

愛是什麼？愛是一種「關係」，是一種體會到「你—我相合一」的意義而展現出來的關係。我們可以對任何人、事、物產生「情感」，但是若沒有「交流」，那就不叫做「愛」。「愛」不在「彼」也不在「此」，愛存在於「彼此」之間。

「合一世界」之所以形成，乃是有一方願意將自己置身到對

方的世界中，解除自己的武裝，讓對方願意在這種情況之下，做出相呼應的思維。而當呼應形成，交流開始了，那麼「合一世界」便建立成功。這不是「同情心」，也不是「同理心」。在「同情心」的情狀中，同情者是站在一個「由上對下」的心態，以「自我」來觀看、詮釋對方，並不是要進入對方的世界。因此當兩者分開了，彼此都將無負擔地各自行動；而被同情者必然會感到矮人一截，他無法毫無負擔地接受這種「好意」。因此，就算有交流，這樣的交流也不是平等的。至於「同理心」的主要目的是「給予撫慰」，而不是共融合一，因此它也不算是愛。余德慧博士曾用小孩子的「遊戲理論」來理解「共融合一」❸。小孩子的相互對待本身就是一種「遊戲」。他們彼此規定法則，然後相互行動。他們跑、笑、叫時，永遠都是面對對方：他們的眼神永遠在搜尋對方、他們的動作永遠是配合對方而發生、他們的笑鬧聲永遠是依著意會了對方動作而產生。在遊戲中所呈現的是一個合一的整體。

「合一」理論表達了「我想成為你的一部分，而你已是我的一部分」，而且依此準則彼此相對待。所有我們為彼此所做的事，都是一種「意義」──詮釋彼此關係的意義。還記得《小王子》中的小王子與玫瑰花的情節嗎？一堆玫瑰對小王子之無意義乃在於他們並不相互擁有合一。玫瑰花不是沒有意義，但是「意義」是人所給予的。當關係建立或關係改變時，意義便

會改變。小王子對他關心的那朵玫瑰花所做的一切，累積成了他們二者之間的意義；他對於狐狸馴養過程所做的努力，累積成了他們之間的意義。建立關係，並且付出，關係中的意義才能深廣。我想我們可以反省一下自己與所愛的人的關係、與家人的關係、與真知好友的關係：你們共融了嗎？你們是否搜尋彼此？你們是否可以無私無我？你們是否累積意義？你們是否真心想成為對方的一部分，而且接納對方為自己的一部分？

二、愛的實踐

(一) 避開「自戀」

　　我們常會掉到一種陷阱中：當我們說愛對方時，其實常常是以自己為感情的對象。舉例來說：父母責備蓄髮的兒子，是因為不願意別人看到自己有個邋遢的孩子；我們為自己的伴侶添購新裝，其實有一部分是為了面子問題；我為什麼認定一個人？因為他（她）溫柔、識大體、努力……有了這些特質，所以我可以幸福。親子之間也好，愛人之間也好，朋友之間也好，我相信彼此之間都沒有惡意，但是卻常常不曾跨越「愛自己」的陷阱，說穿了，就是「自戀」。余德慧博士稱自戀是缺乏「感情移入」的氣度❹。弗洛姆認為自戀便是「自我陶醉」，是指把存在於自己之內的東西認為是真實的，只從它們對於自己有利或有害來看待它們❺。我們用一個比較嚴苛的說法：所謂

「自戀」便是以「愛」的外衣包裹著「自私」的動機。它和惡毒的自私不一樣的地方，是它並無意必定要犧牲他人的利益，但是它得先滿足自己的利益才去兼顧到別人。這可能會產生兩種扭曲：首先，我在對方身上所想要追求的利益可能只是社會一般的標準——如美貌、有錢、面子等等，而非自己真正的本然需求；其次，自戀的結果可能扭曲對方的人格，也異化自己的性格，最簡單的例子便是：為了留住一個大多數人認為「漂亮」的情人，不惜扭曲自己的個性與需要去迎合對方，而產生痛苦的戀情。

要如何避開自戀呢？首先必須要真正地理解對方的需求，但不是只會順應，因為這只會強化對方的自戀。因此我們必須讓對方自己去思考並回答，他（她）希望我們為他（她）做什麼？因為我們無論如何不可能知道對方心中真正的想法，只有自己才真正知道自己要什麼；當知道對方需求之後，然後再問：「那我們可以一起做什麼？」此時，將彼此的需求都放在「你－我合一」的角度來考量，把一切做事的方法放在「你－我合一」的層次來設想。學習著如何「愛自己之外更能愛你（妳）」，「滿足你（妳）也等於滿足我」。而不是單單只考慮「你」或只考慮「我」，這樣才不會有「為你犧牲」的怨嘆，也沒有「自私自利」的想法。

(二) 一些建議

里奧‧巴斯卡力在《愛》中提出一些原則，我個人認為是相當有用且正確的❻：

1.**愛的基本是關心自己**：當自己真正能欣賞自己的特色，明瞭自己便是最好的自己時，才會相信別人作他自己才是最好的他；而當我真的珍惜自己時，才知道如何珍惜別人。我在前面提到，愛不是「自戀」，但是愛也不是全然自我貶低。倫理學在「友鄰之愛」中有這麼一個定律：「所有的義務都產生於個人自己的生活。」❼亦即，唯有對自己最為重視的人才能對自己與他人最為有用。所以，一味地自我犧牲以滿足他人的人，不能算是真正懂得愛的人。

2.**愛是一種責任，這責任是**：幫助自己與他人成長。里奧‧巴斯卡力說：「愛是引導你走向你自己的路程。」這包含了兩個向度：首先，愛不可以破壞對方的獨特性與獨立性。更甚者，必須協助對方發展其獨特性與獨立性；其次，我們也必須學著讓自己的獨特性與對方的獨特性相調和。若真能以此為目標，那麼彼此都能在愛中得到成長。

(1)**製造喜悅並分享希望**：以懷著愛與喜悅的心去做每一件事，當人與人在一起時，要隨時為彼此選擇喜悅。因為愛是合一、是復原，是將不美滿的變成美滿。因此我們

有責任，在相處的時候為彼此找尋美滿，建構喜悅。而喜悅的建構絕大部分是來自彼此對未來有希望；換句話說，彼此的合一不只是現在，更須延續到以後。因此，喜悅與希望將變成一個辯證的循環。我們在彼此的生活中找尋並選擇喜悅，而喜悅的累積形成更強固的合一的希望，而希望中又蘊涵有喜悅。我們要做的，便是努力去追尋生活中的喜悅，並彼此分享希望，則彼此的合一關係將更強固。

(2)**彼此溝通與接納**：愛需要溝通、表達，知道別人需要愛，也讓別人知道自己需要愛。一般人對於愛的態度大概有兩種取向（dimensions），不是不斷地索求，便是不斷地壓抑。這兩種取向在男女愛情之間最為清楚。一般人都盼望在意中人面前展現出美好的一面，而非真實的一面。就如同我在提到「自戀」時所說，為了留住對方，不惜自我扭曲，只為了在對方面前展現美好的一面。這樣的愛不自在、不自由，只是一種束縛。真正的愛應該是在彼此的關係之中悠遊自在，感到真正的放鬆無壓力，就算有壓力，至少這壓力不是來自於對方本身。這便有賴於彼此誠實而謙遜地溝通，適時地表達自己的想法與感受，也開放地接納對方的想法與感受。

(3)**設身處地為別人著想**：弗洛姆對愛的實踐也提出了不少

建議，其中有一項是「對自己敏感」，因為若對自己不夠
敏感便無法學習專注。他舉母親對孩子的敏感為例，只
要孩子有一些些變化，在某些需要與不安尚未清楚表現
出來以前，她就注意到了，這代表她對孩子的生命敏
感。而這表現在人與人的交往上面，便是設身處地為對
方著想。而在此，我強調一點：我們敏感地覺知對方有
所需求，設身處地為對方著想。但是，我同時也要敏感
地覺知自己的反應，不必然以對方所預期的方式與結果
相回應，而以直接又合乎人性的方式加以回應──專注
而又充滿愛的心情回應，這對於對方會更有幫助。

3. **愛要有信心**：信心是建立於自己的思想與情感經驗之上
的，而非建立於對不合理權威的屈服之上。今天我對一個人有
愛，就等於我對這個人的人格核心有信心，對這個人的基本動
機有信心，就算他的某些意見或行為有所改變，但是我對這個
人基本人格與動機仍然相信。當我們全神貫注於所愛的對象並
投身其間，那我們便可以理直氣壯，處之泰然。信心的反面便
是不信任，而許多人際關係便是毀在「不信任」上。愛的連結
重要的接著劑便是信心，而這也同時意涵著愛要有勇氣，需要
有敢於冒險甚至接受痛苦的勇氣。因此，要保有愛常常需要與
外在的否定奮戰；另一方面，愛也是沒有擔保的委身──把自

己完全地給予。因此，眞愛需要信心與勇氣。而信心與勇氣也是我們得以超脫的重要因素。

第三節　超脫的驅力

一、超脫的意義與原則

何謂「超脫」？按照字面解釋便是「超越」與「解脫」。它可能含有下列幾種意思：(1)克服，越過（surmount）；(2)擺脫，解救（extricate）；(3)超越慣例，不合慣例（unconventional）；(4)獨特的（original）。將這些意思綜合來看，所謂「超脫」指出了一種意義——讓自己從習以爲常的、桎梏人的習慣中擺脫出來，形成一種獨特的、新的思考模式或原則。在宗教層面上，它代表從現有境界指向一個全新境界的意向與過程。

有兩個很重要的認知原則必須先提出來：一是要達成超脫必須要有自我意識之外的「激發」或「導引」因素。我剛剛說過，超脫含有「擺脫習慣之桎梏」的意思，人既然被桎梏，其解放的誘因必須來自外在，否則無法眞正超越。任何自詡自己能自我超越的人，一定曾受過什麼激發或啓示而達到反省，其

實還是脫離不了原來習慣或價值觀的影子；其次，除了外在激發之外，本能的驅力與自我意識的覺醒也是不可或缺的。如果自我本能上未曾有過改變的驅力，那麼任何刺激我都無法接收；如果我的自我意識一直處在安於現狀的狀態，不曾因內在需求而覺醒，那麼任何引導與刺激對我都將無意義。

其實，外在刺激與內在驅力之間，到底何者為先？是先有某些刺激導致我的內在產生質變，因而造成「根本轉變」；還是因為自我本能產生「對現狀反動」的力量，使得我容易接收外來刺激？這些問題就好像在問先有雞還是先有蛋一樣，一直都難有答案。當然，就宗教上而言，尤其是基督教，必然認為是前者先於後者，神明的啟示先於自我超越的追尋，神明若不降下恩寵，則人將不知道如何超越，向何處超越，甚至不知道要超越；不過就心理學層面而言，恐怕是認為人的自我覺醒才使得接收訊息成為可能。就我個人而言，雖然我是個宗教信徒，但是程度上我還是比較傾向後者。也許在我的覺醒之前，上帝已不斷地啟示我，但是因著追求和諧生命的內在本能驅力與之結合，我才能真正體會到什麼叫做「全新的自己」。

無論如何，我們的重點不是探討外在刺激與內在本能孰先孰後的問題，而是要了解「超脫如何可能」。以下將加以述之。

二、超脫的驅力與自我認同

在我提到「存在主義」的單元時，曾經強調：當我們在「集體化」、「社會化」、「單一化」的社會處境中，隨風俗習慣浮沈，常常有「不自由、無力、無可奈何、陌生」的感覺，此乃自己內在「真我」在提出控訴，我們應面對這些「不自由」的感覺，努力成為一個「真實的自我」；而在本單元之前言我也強調，台灣人最重要的事便是從這「心靈的埃及地」被解放出來，而解放者便是自己，自己才有讓自己超脫的能力；又，在提到「愛」與「信心」時，我認為真正的愛必定包含有對於所愛對象與對彼此未來的信心，以及超越現狀之勇氣。因此，當我們要尋找超脫的驅力來源時，可以從上面所給予的線索約略地整理出一個輪廓，那就是——當人受到外在環境的束縛與宰制，到了與人類本性驅力相衝突的程度時，我們便會感覺到本能驅力和外在壓抑間衝突的緊張關係❽。然而一般人卻常因為傳統與社會認知，甚或生存與被認同的強大控制力，而忽視、否定或轉移這種感受。如果此時我們能有一股自覺而充滿堅定的力量，因著對未來的信心與勇往直前的勇氣，那麼我們就有可能對不滿意的現狀提出批判，甚而超脫出來。

在此，我一定得再強調的是：超脫的激發可能來自於外在，但是能夠讓自己持續堅持的動力必定是來自於自己。因

此，要能自我超脫的真正動力便是「自信」。我們察覺到自己有一個自我存在，我們的人格有一個核心，這是不變的。這個核心就是存在於「我－Ego」之後的那個實體，是「我之所以為我」，我的自我認同的確認起點。如果我對於這個自我無法堅持，那麼我的自我認同便產生危機，必須依賴他人的褒貶來作為自我定位的基礎。這樣的人無法為自己的存在找到定點，那就更不用說自我超脫了。

我認為有必要對於「自信」再加以說明。如我前面提到，信心是建立於自己的思想與情感經驗之上，自信則是建構在對於自己的充分認知與情感的充分掌握的經驗上，而且它使人對於所面臨到的任何事情展現出無比決斷的把握性與實踐決定的堅定性。這樣的人對自己有恰當的估價，Paulson說這種人「不輕易地自我滿足；看到別人不如他絕不是一種安慰；他看重那些偉大的人物」❾。相信自己的人能夠對美好的未來堅持、對真理堅持、對於能「活得更好」的想法堅持、對於能不斷超越現狀的信念堅持。換句話說，「自信」的人在它的「堅持」上展現了無比的勇氣。

因此，「超脫」的可能性來自於「自信」。「超脫」不但不是否定自己，更是對自己的認同：「超脫」代表的也許不是認同社會的現狀，但是它必然肯定主體的超越性！當我們想要從這個社會的灰暗面超脫出來時，或許我們對現在現實的我並不

滿意，但是我們必須相信一旦我們的潛能獲得適當的條件，就可以建立美麗新世界！這種信心不是建立於盲目臆測的基礎上，而是建立於我們對自己潛能成長的體驗，以及過去成就累積之體驗上，這就是所謂的自我反省與認識。而且我們的體驗愈深，自信就愈強。

　　然而，體驗成長與成就不是我一個人關在家裡的事情。人具有不斷自我反省的能力，藉著它，人可以不斷地自我認識；但這種認識絕不是一個獨自個體所能作到，它必須在「關係」中認識。換句話說，所謂自我反省必須藉由一個關係的場域才能充分進行。個體必須和其他個體有許多接觸，產生許多關係——亦即建立群體關係。在群體關係中之自我認識，絕對比全然自我的自我認識更加豐富。

　　既然自我反省與認識必須藉由一個關係的場域才能充分進行，那麼，自信的充分展現也必須藉由一個關係的場域才能充分地完成。自信者對於自我能力的認知與掌控，使得他能恰當地評估所面臨的所有事件，做出適當的決斷，並堅持理念去實踐它，他所表現出的是一種「建設性的、活潑的」人格特質。而人格特質在生活中是不可分割的，不可能一個人在自己的生活領域中表現出建設的人生觀，而對他人或社會群體則展現出頹廢的態度。一個對自己認真的人必然對社會充滿熱情，因為作為自我核心的人格不可分裂。因此，超脫既是自信者所能完

成，那麼超脫就不只是一個人的事，真正懂得超脫的人將明白
所謂超脫不是退隱，而是社會群體存在層次的提升。將所有建
設性特質灌注在所有的關係之中，讓在這個關係場域中的所有
人也得到超脫的契機。

　　因此，我們將上面所敘述的內容加以整理。關係中的自我
認知才是累積自信的正確方法；真正有自信的人則具備了自我
超脫的能力與勇氣；而真正懂得什麼是超脫的人必然知道超脫
不僅是個人的事，更是整個社會群體的超升。自信是在關係的
場域中慢慢獲得，而因著自信所產生的超脫能力也必須在關係
之中方得以成就。我在前面也提到：唯有愛能連結關係。換句
話說，唯有愛才能幫助人累積自信，唯有愛才能超脫！

第四節　唯有愛才能超脫

　　在前兩部分，我已經將「愛」與「超脫」的意義加以說
明，也引導出了「唯有愛才能超脫」的這個命題。我想，在詳
述兩者的關係之前，還是再約略說明一下存在於台灣社會中的
心靈困境。

一、台灣社會道德形式之反省

我提到過，台灣人的心靈困境便是台灣人失去了愛。也提到台灣人不是不想去「愛」，而是搞不清楚什麼樣的概念才是「愛」，因而不知道如何去「愛」。事實上，綜理前面的說法可以發現，其實「愛」是一種人格特質，它意味著我們對所有人的一種「合一」態度。換句話說，「愛」不是針對某些特定的對象——如父母、兄弟、配偶、愛人等——所發展出來的特定態度，而是我們發展出建設的、合一的人格後，所自然展現出的生命特質，只不過對於不同的對象有不同的相應形式。因此，「愛」也存在於我對於工作伙伴、同學（事）、生意客戶、甚至剛邂逅的任何人的態度中。而台灣人卻正好混淆了這種次序，對於不同對象發展出不同的愛觀。因此，台灣人就把「愛」的問題看成是對象的問題，而非自我人格與能力的問題。

如果我們問現在這個社會所普遍存在最好的「愛」的形式是什麼，我想應該是「公平原則」——亦即在任何交易之中，不存有詐騙行為。用在「愛」的方面，就是「你給我多少我就給你多少」的「相欠債」思想。這已經是最好的層面了，絕大多數的人還是以「自私」與「自戀」的心態與人交往。

社會之和諧表象其實是以自私原則為基礎，而由公平原則所調整（如下圖）。公平原則不強調相互責任與彼此合一，反而

理想形式 ─ 現存社會道德形式

愛
公平原則
自戀
自私自利

左圖說明：
　現存台灣社會道德形式大概有三種，由下而上依序為「自私自利」「自戀」「公平原則」。一般人多以為「公平」便是愛了，少有人能體會到兩者的不同。方塊中由深而淺的層次正代表了該形式被社會接受的普遍程度。

要求疏遠與隔離，頂多尊重別人的權利，但不必愛他。公平原則所展現的道德形式，我們稱為「另類道德」❿。今日台灣社會的道德危機，就是把一切道德問題都化約為技術問題。台灣人的心靈困境，便是「愛」成了一體化社會的邊際現象──也許想得到，但是做不到。

　　台灣人的心靈要脫離這樣的「埃及地」，便必須要重新思考什麼是「愛」。好好反省自己所習以為常的「愛」是我的人格特質，抑或只是對別人的一種對待方式？我們藉以連結人際關係的接著劑是「合一的欲望」，抑或只是「公平原則」，甚或只是「自私」或「自戀」？我認為的「超越」是一種「自我提升」，抑或是「社會改造」？我是否有那樣的熱情與積極性，盼望與所有人共享存在經驗，而非只是共享利潤？

二、唯有愛才能使人超脫

我們談「愛」，談「超越」，並試著連接這兩個概念，無非是希望藉由與所有人結合的體驗、人類同一性的體驗與人類合一的體驗，來重新連結自我與社會，並定位我在社會中的角色。「愛」是穿透一切的力量，它可以穿透人與人表面的差異，連結人與人的人格核心。而當人與人能真正結合，社會的徹底轉變才有可能達成；有了這種轉變的可能性，個人的超脫才有其意義。因此，我綜理了以下四點，一方面說明「愛」與「超脫」的關係，一方面也藉此提出為台灣心靈解困的藥方。

（一） 愛即超脫

在提到「愛的實踐」時，我強調愛要能使彼此成長、要選擇喜悅與希望、要具有信心與勇氣。而「成長」、「希望」、「信心」與「勇氣」也正是「超脫」的基本意義。當一個人的內心充滿「愛」時，就代表他的內在充滿了與人合一的人格特質。這樣的合一是建設性的、是前進的。當我對一個人說「我愛你（妳）」時，就等於說：「在你（妳）之中我可以愛別人；透過與你（妳）的合一，我可以與全世界合一。因著愛我們可以活得更好，我們有更棒的未來，我有信心與勇氣，我們一定可以共創美麗新世界！」這就是超脫，從現有境界指向一個全新境界的意向與過程。愛，是超脫的起點；超脫，是愛的展現！

（二）唯有愛才能超越恐懼

　　基督教《聖經》在其「新約」的〈約翰一書〉第四章十八節有這麼一段話：「愛裡沒有懼怕，愛既完全，就把懼怕除去；因為懼怕裡含著刑罰，懼怕的人在愛裡未得完全。」按照天主教教宗若望保祿二世的詮釋，所謂的「愛」指的便是人對於神有「如子女般的敬畏」，此敬畏不同於奴隸性的恐懼，反而是自由、喜樂、美善的泉源❶。當然，我們所談的「愛」並不直接牽涉到宗教的範疇，但是「愛裡沒有懼怕」這句話也是適合於所有愛的對象上。吉布朗在《先知》一書中也說：「若果你在恐懼中，你可尋找愛的和平與愛的歡樂。」❷這代表愛能超越並克服恐懼。

　　摒除掉宗教層面的「神之愛」不談，愛的確可以超越恐懼。為什麼呢？因為恐懼的來源是疏離──與存在的來源疏離致使人對生存的終結恐懼、與他人疏離使得人對陌生人恐懼、與世界疏離使得人對自然產生恐懼。而愛是要求合一。當自己以合一之心來面對所有人、事、物時，將修補所有的隔離。我們絕不會對自己深愛而信任的人產生恐懼，也絕不會對於自己有興趣去處理的事物心生畏懼。因為愛可以產生信心與勇氣，而且它們是成正比發展的。愈懂得愛的人愈能堅持信念，也愈能活得理直氣壯。

（三）唯有愛才能使自己獨特，使他人獨特

愛的歷程是合一的歷程，而不是同化的歷程。我在前面曾提到過：愛不但不可以破壞對方的獨特性與獨立性，更必須協助對方發展其獨特性與獨立性；同時也必須學著讓自己的獨特性與對方的獨特性相調和。這放在「超脫」的概念層次中更是明顯，超脫的本質便具有「獨特」的性格。

我們可以從「信心」的層次來對於「愛」與「獨特」加以說明。我一再強調「愛」之中必然含有信心，而真正的信心是展現在「未見之事」上的，換句話說，就是對對方的「潛能」有信心。因此，真正的愛不會因為對方的發展而改變——我愛一個人，就必然愛他的獨特，正如母親無論如何都愛她的孩子一般。我認識一個有雙胞胎兒子的母親，兩個孩子實在是一模一樣，但她就是有辦法認出來，因為兩個兒子間的任何細微差異她都清楚，而且都包含在她的愛中。

不僅愛使他人獨特，愛也能使自己獨特。因為愛中含有對自己的認同、關心與自信。真正能欣賞自己的特色，明瞭自己便是最好的自己時，才會相信別人做他自己才是最好的他。一個心中充滿愛的人，必定具備活力、建設而不斷前進的性格，這將使他不人云亦云、不隨波逐流。這就是獨特！

（四）唯有愛才能復原彼此，帶來和平

台灣人的心靈困境，便是希望得到愛，但卻無法愛人。大

家都在疏離感中掙扎，好像所有人都可以侵犯我，而我卻無力對抗。當暴露於社會種種力量之前時，台灣人感受到最深沈的無助，好像自己的存在被割離剖開一般，令人難以忍受。所以必須緊緊地將自己武裝起來，然後和他人對撞！包得愈緊撞擊力愈強，就算自己傷痕累累，只要撞贏一個人就算成功。然而，這樣下去的結果不僅使自己傷重而毀滅，更使自己愈發地孤單與被隔離，以致精神錯亂！

　　台灣人其實只是需要愛，而且也只需要與人分享愛就可以了。事實上，我們往往會發現，每當我們和別人在分享愛的時候，和平已經來到我們的身旁。若我們是懷著喜悅與愛心來尋求合一，別人也將回報以歡喜，至少不會回報敵意。電視廣告「認真的女人最美麗」中，那個酷酷的女生終於在男生善意幫忙撿東西的情況下綻放笑意，我們不知其結局如何，但至少我們可以感受到其中的冰冷瓦解了。

　　我們需要的和平不是什麼世界和平，或說不是那種個人能力無法企及的和平，而是「心靈的和平」。「和平」來自「不受威脅」，而「沒有威脅」則奠基於「善意的交流」。其實人們畢生追求的不就是和平的氣氛嗎？這種氣氛是可以自己建立的。別人其實嗅得出我們的善意、別人其實嗅得出我們不具威脅性、別人其實嗅得出我們渴望友誼，若他們也有此渴望時，屬於自己的和平世界便會形成了。

問題思考

1.反省一下你自己所謂的「愛」是否含有「自戀」的成分？比例多不多？

2.你覺得自己活得是否有自信？若缺乏自信，原因何在？

3.什麼叫做超脫？爲什麼唯有愛才能使人超脫？

4.請敘述自己的「愛觀」，對家人、朋友、親密愛人以及陌生人。

推薦書目

1.里奧・巴斯卡力著，顧茜茜譯（1984.12七版），《愛》，台北：宇宙光。

2.薛查理（Charlie W. Shedd）著，余丹等譯，《致偉立書》、《致嘉蘭書》，香港：證道。

3.弗洛姆著，孟祥森譯（1994），《愛的藝術》，台北：志文。

4.吉布朗著，葉松發譯（1996.1），《先知》，台北：水牛。

註　釋

❶見弗洛姆所著，孟祥森譯（1994.8），《愛的藝術》，台北：志文前言頁7。雖然弗洛姆看似以「愛情」爲主題，但其書中內容與理念仍超越了男女之愛。而我認爲所引的這段文字，用以說明一般的社會之愛也是相當貼切的。

❷這是佛洛依德在Libido理論所用之詞彙。Libido是人的一種無限能力，是人內在的潛力。我們可稱之爲「本能」。佛洛依德把本能與人的精神聯繫在一起（我們一般謂本能即動物性本能），它不但主宰生命之發展，更是人的一切行爲之終極根源。我們人的自我（Ego）常會因爲外在意識形態之不當壓制而消失，或轉變成異化的「超我」（Super-ego）。Libido 應該發出無限動力以找回自我，它有能力使人完成自我。現代社會上的人多處在「異化的超我」形態中，但只要有人能打破這樣的形態，而找到自我——表達出別人想而卻不敢做之事時，便會引發別人的同理心而認同，這也是Libido之表現。人應發展精神之職能，即把本能外顯爲語言形式，藉由發展並使之具滿，使人能逐漸完善。Libido理論詳見佛洛依德著，林克明譯（1991），《性學三論》，香港：志文。

❸詳見余德慧（1993.3初版二刷），《中國人的生命轉化——契機與開悟》，台北：張老師，頁68～70。

❹見同註❸，頁72。

❺見弗洛姆《愛的藝術》，頁143～144。

❻里奧·巴斯卡力在《愛》中提出了這些原則，但是我並沒有完全按照里奧的說法，僅僅擷取了他的標題。里奧的說法請參閱其所著，顧茜茜譯（1984.12

七版），《愛》，台北：宇宙光。

❼見 Friedrich Paulson 著，何懷宏、廖申白合譯（1989），《倫理學體系》，台北：淑馨，頁558～559。

❽有關於「本能驅力」，我有必要稍加說明：我把人性區分為兩個層次，一為原始心理層次，我稱之為「先天性格」（Transcendent character）；二為先天性格和社會結構之混合物，我稱之為「社會性格」（Social character），弗洛姆在1932年時曾用「社會的欲力結構」（Libidinous Structure of Society）稱呼之（見弗洛姆著，孟祥森譯，《生命的展現》，頁157）。在此處我指的「本能驅力」是存在於「先天性格」中——雖然人實際上是以其社會性格存在於社會上，它具有自覺性，它也具有內在驅力。詳見拙撰〈從宗教與宗教感的理解來省思人文宗教——兼論批判理論宗教觀〉一文，收錄於《哲學與文化》月刊第304期（民國88年9月），頁858～868。

❾見 Friedrich Paulson，《倫理學體系》，頁503。

❿因著「公平原則」而產生的人際關係疏離，人們視此為「禮貌」；而「市場公平交易」強調人與人的競爭，人比以前更好面子，但這如今卻被認為是「有恥」；「和平」被解釋為「維持結構與制度的絕對穩固」；不管這個人是否真出於內心，只要他捐錢都稱為「愛心」——我們可見社會上好人好事代表多為有錢人；一個「好老師」的定義是「能將最多學生送進第一志願」的人；好官員的標準是「能有效維持整個體系穩定運作」的人……這就叫做「另類道德」。

⓫見若望保祿二世著，楊成斌譯（1995.1），《跨越希望的門檻》，台北：立緒，

頁295～296。

⓬見吉布朗著，葉松發譯（1996.1），《先知》，台北：水牛，頁13。

第十章　心靈滌淨 —— 基督宗教與禪宗的淨心之道

第一節　宗教與心靈澄淨

愛因斯坦（Albert Einstein, 1879～1955）曾這麼說過：「我們以現有的智慧創造出現今的世界，但這個世界所製造出來的問題，卻是我們現有的智慧所無法解決的。」❶看起來，在今日這個追求效率與功能的社會中，「技能」似乎比「智慧」來得有用；但在技術與專家充斥的社會中，除了技術不斷累積之外，我們似乎再也看不到值得誇耀的地方了。效率與技術看來好像為人類節省了不少時間，但是節省下來的時間又似乎並不是用在人的身上，而是用在提高其他效率與技術上。人類好像將靈魂賣給魔鬼的「浮士德」一般，不斷掏空心靈以求得技術

與利潤，到最後靈魂不見了，心靈充滿了垃圾。高科技帶來了高焦慮，這些焦慮正是我們的心靈在提出控訴：該把心靈清一清、洗一洗了！

　　一個相當弔詭的現象是：愈是高科技的社會，愈有可能出現高神秘化的宗教；或是傳統宗教神秘層面愈會受到重視。先不論神秘宗教的出現或是神秘層次的被重視是好是壞，但是這的確透顯出一種可能的訊息：宗教中的神秘性是滿足科技社會中心靈飢渴的重要元素。宗教的神秘性在哪裡？就存在於宗教體系「屬靈」的層次上。或許現代人對於宗教的形式與結構愈來愈要求「解神秘化」，但是在基本人性的需求上，仍然保有一塊「靈性」的淨土，需要靠宗教的「靈性作為」來滿足。

　　我們應該可以相信這麼一個說法：任何宗教都有一套讓自己的信徒心靈澄淨的方法或歷程——基督宗教的「靈修」、佛教的「修禪」或「修佛」、道教的「性命雙修」等都是。或許這種歷程是存在於「儀式」（rite）之中，或許是存在於道德實踐（moral action）之中，也有可能是存在於信徒生活的訓誨之中。但是，無論是何種宗教、無論採行何種方式追求心靈澄淨，其要點都是藉由某些由外而內的步驟來讓自己的心靈作「屬靈轉化」的準備。

　　也許有的人會拒絕「屬靈」、「淨心」等類的說法，但是我相信他們對於「自我認識」、「自我覺醒」、「自我提升」等概

念一定能接受。基本上,宗教的「屬靈操練」便是一種「淨心行為」,藉由簡化思緒、控制欲望等方法來提升自我在精神層面的認知,期盼能與所追求的「終極關懷」有屬於精神層面的交流,進而更加了解自己的價值、看清自己的限制、找到自己在存在界的定位與責任,建立在此世上得以安身立命的價值觀。

　　沒有人會願意被科技與技術給操縱、沒有人是心甘情願地迷失在「科技路西法」❷的魔咒之下。對於心靈滌淨的需求,我相信是出於人的本性。因此我介紹「基督教」與「佛教禪宗」的淨心之道,盼能為今日社會注射一道澄淨的「疫苗」。

第二節　基督宗教的淨心之道

　　基督宗教的淨心之道,我們一般稱之為「靈修」。有的人一聽到「靈修」就把它與遁世隱居、自苦身心的「苦修」聯想在一起,並以為那是由聖安東尼於西元四世紀所創立的❸。事實上,在《聖經》中的〈保羅書信〉之中已有相當數量的作品提到了「靈修」生活;除了保羅之外,彼得、約翰以及〈希伯來書〉都有提及。在《聖經》的〈福音書〉之中,也有對於耶穌「靈修」的描述,以〈馬太福音〉為例,其中提到耶穌也有靈修——獨處(太四:1〜13;太十四:13、23;太十七:1〜

3；)、禁食（太四：1～13）、迫切禱告（太廿六：36～39）等
等；耶穌教導靈修的方法——清心（太五：8）、克服欲念（太
五：28～30）、隱秘禱告（太六：6）、禁食禱告（太十七：21）
等等。以下我便稍微介紹一下基督宗教的淨心之道。

一、「靈修」的意義

　　就字面的意義來看，「靈修」的意思便是「以各種方法修
鍊自己的靈性能力」，若以較為白話的方式解釋，便是「用各種
方法來提升自己精神層次的能力——含意志力、感受力、直觀
力、感應力等等」。基本上，無論是舊教（天主教）或新教，都
不否認「靈修」有其意義與價值——尤其天主教更是注重。在
基督宗教之中，「靈修」是根植於兩個概念——「人的原罪」
與「基督的救贖」的相互關係上。因為人的始祖——亞當與夏
娃的不信與背離耶和華上帝，人類受到了痛苦與死亡的詛咒，
並自此無能脫離自己欲望的挾制；人類原來具有神的形象，因
為原罪之後的人神相隔離而日漸毀壞。但是因為上帝的憐憫，
讓自己的聖子耶穌基督為了人類的罪惡而自我犧牲受死，這種
犧牲所必須承受的痛苦是極為偉大的。同時也因為基督的降
世，所以人可以藉由「效法耶穌」而漸漸回復神的形象；人該
如何效法耶穌呢？其中之一便是去體會耶穌的靈修進程——藉
由安靜獨處、否定欲望、觀想上帝等方法來使自己的心靈純

淨。天主教最有名的靈修導師是十六世紀的聖‧依格那修（St. Ignatius Loyola, 1491～1556），他的代表巨著《神操》之中，便提出「靈修」的基本原理是要人活出受造的目的，也就是侍奉上帝，有真正的自由——上帝的形象，而最終的目的便是藉由分享基督的死與復活並效法耶穌而與耶穌相結合，一同建立天國❹。一般天主教對於「靈修」意義的說法是：「由於意識並珍惜那天主子女的生命，定志用各種方法來努力使它發展成長，到達高超聖德的地步。」❺

　　除了天主教之外，基督新教在當代也有一位極負盛名的靈修大師——盧雲（Henry J. M. Nouwen, ～1996）。當他在法國「方舟團體」（L'Arche community）生活時，終於發展出他的「直觀神學」（Intuitional Theology）——藉由獨身、獨處、默觀與祈禱而洞察到事物的本質，甚至能默觀到神聖的三位一體，而達到與上帝的直接結合❻。他認為每個人都多少會在某時某處察覺到自己對獨處、對內在的空缺、對祈禱和對靜默的渴求，但是卻常常馬上被忽略了——就好像大城市中被忽略的小丑一樣，但是那才是導致歡樂、鼓舞與希望的重要關鍵。他的想法讓新教的「智性傳統」造成了衝擊，並使得新教的信徒對於「靈性追求」有了新的反省。

　　不過對我而言，我個人認為「靈修」是一種獲得「新眼光」（new view）的實踐歷程——因著追求自己的終極關懷，而在追

求的過程中不斷提升自我認知；因著自我價值與認知不斷地提升，在面對「神－我」、「人－我」、「物－我」以及「我－自我」的關係時，能不斷地發展出更成熟、更周延的思維模式。基督徒一般都認為這是一種「回復上帝形象」的「內省」功夫，透過某種程度的「否定自我」，進而「超越自我」，最後找出自己的發展方向與生存目的，終至於「實現自我」。

二、「靈修」的實踐之道

如我所說，基督徒一般都認為「靈修」是一種「回復上帝形象」的「內省」功夫。但什麼是「上帝的形象」呢？十六世紀的宗教改革神學家喀爾文（John Calvin, 1509～1564）便曾說過：「所謂上帝的形象，是指亞當墮落以前具有的完整品行；這就是說，他有完整的智力，有理性所控制的情感，和其他一切管理得宜的官感，並因天性上所有這些優點，是和他的創造者的優點相似。」❼亦即指人能完全發揮自我意識（self-consciousness）與自我決定（self-determination）的能力。要如何「內省」才能真正的「自覺」與「自決」呢？我結合了盧雲與天主教靈修實踐的一些方法，加上自己的經驗，提出下列幾點淨心之道：

（一）獨處

獨處並不是否定群體，也不是真的要離群索居。而是因為

在與人群交往當中，紛亂的關係常常會讓我們找不到自己的需求與定位，我們聽了太多別人的聲音，卻忘了去聽自己的吶喊。因此人必須有時間與這個世界保持距離，一方面堅守自己信仰的立足點；一方面再次堅固自己待人處事的立場。盧雲就說過：「缺乏心靈獨處，我們與他人的關係就要變得貧乏而貪婪、膠著和纏繞、依靠和感性、剝削和依附。」❽也許每天用三十分鐘獨處，把所有可能紛擾自己的外界聯絡管道全部關閉，會達到某些意想不到的成果。

（二）靜默

　　獨處不是為了偷懶，獨處是讓自己有一個不受外界干擾的環境以進行「靜默」。什麼是靜默呢？就是安靜地默想《聖經》的經文與觀想上帝，同時在這段時間進行不止息的禱告，若可以獲得一天以上的獨處靜默時間，甚至可以「禁食」數餐。靜默是為了能獲得「觀看」的能力、獲得洞悉事物本質的能力、獲得將原本看不透的東西轉變為看得透的能力❾。值得強調的是，基督宗教的默觀講求的是安靜默想上帝。首先要收斂心神，放下一切令自己分心、緊張與焦慮的事情；只想著上帝就在這個地方，思考著祂是如何慈愛，同時真正將一切意念全部呈現給祂，轉化成與祂不斷地對話。也許無法清晰地想像上帝，那也可以讀了《聖經》的某段經文之後，不住地想它、感受它、抓住自己心靈對這段經文的原始反應。無論是默想上帝

或《聖經》經文，我們都要認眞去體會自己正漸漸被一種溫暖而解放的感受所包圍，這樣的靜默將帶給人新的「視野」，去體會原來體會不到的事情，去看清原來看不透的事情。

（三）儉樸寡欲

　　當我們接觸了某種東西，就必會與該物產生關係，而促使我們選擇一種相應的態度──或接受或拒斥。關係太多將遮住我們的心眼、遮住我們的心耳，讓我們看不見自己眞正的需求、聽不見自己眞實的吶喊。因此無論是天主教或基督教都強調「寡欲」的重要性，是藉由否定自己的欲望──尤其是貪欲，讓自己的生活儉樸，進而讓自己的心儉樸。這也是天主教所謂的「平心」，對一切可以自由選擇的受造物，保持中立的態度❿。習慣了儉樸，將使自己漸漸不會依賴物質享受，不會爲物質所箝制；能夠眞正寡欲，就不會因爲要滿足欲望而忘了眞正的自我。《聖經・馬太福音》中便記載：「清心的人有福了，因爲他必得見上帝。」

（四）練氣

　　基督宗教也有練氣的說法。天主教言「用靈」──用靈性引導自己的崇拜行爲與思維行動。其中包括了頭、手、腳的自然擺動，以及利用音樂詩歌的協助，提升信徒「靈」（天主教相信這是一種氣）的活動與純淨。除此之外，在聖・依格那修的《神操》中曾經提到一個相當有趣的方法，稱爲「一口氣禱告」

⓫。就是在一口呼吸之間以簡短的一句話來作禱告，如：「上帝的兒子耶穌基督啊原諒我這個罪人！」據說這樣一來，這句話會很容易進入自己的心中，甚至影響自己身體的機能。若真如此，那就與道教全真派的「以意導引法」⓬或禪宗的「參話頭」相似了。

第三節　禪宗的淨心之道

說到禪宗的淨心之道，相信大家馬上會想到「禪息靜坐」。說到禪宗的淨心，相信很多人都會肅然起敬，西方許多心理學家——特別是心理分析學派的學者——十分推崇東方禪宗之智慧⓭。我在第七單元論到禪宗的心靈境界時，也說過「禪」便是「認識自我本質」的實踐功夫。按習禪者言，「禪」可以為人指出一條脫離所有內在束縛，釋放一切正當而又自然地儲存在我們每個人中間的能力。而「認識自我本質」即是自我的意識完全覺醒，藉著深刻的精神體驗來完全認識自己的真相——甚至是下意識或潛意識的部分。習禪在於獲得「悟」，就是獲得一個透視事物本質的新觀點。不過且讓我們先回到禪宗的說法，理解所謂的「禪定」之道是什麼。

一、「禪坐」的意義

在禪宗的說法中，「禪坐」是「剋期取證」的一個重要法門。「禪」即梵文的「禪那」（Dhyana），意指「靜慮」、「思維修」，在《奧義書》中又稱為「瑜伽」。因此我們可知那是一種藉由姿勢與呼吸來控制自我思緒與增強自我意志的方法。基本上，這是一種「靜心」之法，但是我同時認為除非心中無罣礙，否則是不可能真正靜心的；因此我也認為禪坐具有「淨心」的作用。在禪宗的說法中，禪坐是為了讓心中的萬般思慮止息，讓「第八識」——「阿賴耶識」❶——得以開展，用以勘破語言、成見、理智作用，甚至自我的執著，而達到真正的智慧。

修禪的方法除了禪坐之外，尚有「參話頭」、「參公案」等等。亦即讓修禪者極力思索一句偈語、一個問題或一段故事，一方面讓思索者的注意力集中，摒退一切外在環境的紛擾；一方面讓思緒單純，凸顯理智的不足，脫離語言與智性邏輯的障礙，待時機成熟，便可豁然而悟。但是在此，我只介紹禪宗的「禪坐」，一方面是它較能為一般人所理解並實行；一方面是它有階段性，較易介紹。以下我便大略介紹「禪坐」之法。

二、「禪定」的實踐之道

在此部分，我提出兩種階段：「坐」與「觀」。

（一）坐

即「靜坐」階段。意即藉由身體姿勢與呼吸來沈靜心靈，是一種由外而內的方法。其重點如下：

1.**安靜**：一般而言，禪坐的研習通常是在山上的寺廟或遠離塵囂的地點，一方面可收安靜之效，一方面也可稍微隔斷外界的誘惑，以達專心之效。如果每天想要自行靜坐的話，找一個比較不受外界干擾的地點──如隱蔽的房間，並選擇較不會被打擾的時間來進行。不過，雖然安靜，卻也不必要毫無聲息，只需要不受人為的打擾便可以。

2.**姿勢與呼吸**：我們最熟悉的姿勢是盤腿而坐。Shapiro在其所著《觀心與觀想》（*Precision Nirvana*）中提到：「雙手自然垂放腿間，腰部與地面保持垂直，感覺到地面升上來一股支撐的力量；雙眼微闔，注視眼前的三尺地上。」❶❺心理學家Walpole Rahula也說：「讓心靈集中到呼吸吐納上，忘卻周遭事物的存在，眼睛微闔，什麼也別看，就只專注在呼吸上……當你連身邊的聲音也聽不見，外在世界對你毫不存在時，這才是專心全意地貫注在呼吸之上。」❶❻為了專心呼吸，禪宗有所謂

「數息」的呼吸法，《坐禪三昧經》曰：「若己習行，當教言，數一至十，隨息入出，念與息俱，止心一處。」意即要自自然然地呼吸，不要控制它，但是去算它，數了十次之後再從頭算——將念頭都集中到呼吸上面。

3.**凝聚心神**：當全神貫注呼吸的時候，偶爾有一些雜念掠過，不要去管它們。因為胡思亂想是初習靜坐者常見的情形——或者是因為外在的打擾，如喇叭聲、蟲鳴鳥叫聲、孩童嬉鬧聲、落葉花開……等等。當分心的時候，自己常常並未意識到自己分心了，所以有些禪師會用「當頭棒喝」來助人收束亂心；不過若一個人在家練習，就是必須隨時注意自己的呼吸，保持心繫一息、身心一念的清明狀態。最好的方法便是將雙眼緊閉，能減低對外界刺激的回應。

4.**放鬆**：這是一個比較舒服的境界。按照《觀心與觀想》所說的，靜坐者可以毫不費力地吐納氣息，感覺氣息在體內的流動，甚至產生「飄浮」的舒適感。在心理學的說法，我們無法放鬆，是因為我們被時間與安排好了的行程給拖著走；事實上，若是我們刻意放慢腳步，而且只注意放慢了的步調，那麼我們所有因焦慮而產生的機能障礙與壓力將逐步消除，這就是心理學家班森所謂的「放鬆反應」。

5.**靜觀自得**：此時自己能以客觀地位來觀察自己，雖然有許多念頭、心情與思緒，但是讓它們無礙地滑過心湖而後離開，

自己卻不陷於意識中，只是靜靜地看著它們。這就好像用自己
的眼睛不帶情緒地看著自己，這樣將讓自己培養出一種客觀的
觀點，並學著讓自己與事物保持距離。變成自我、軀體與意識
三者分離，看自己好像在看電影一般，此時，意識內的點點滴
滴會清晰地經過我們的眼前，這時候的眼光便不一樣了。

（二）觀

　　1.**禪定（常、樂、我、淨）**：這四個字是大乘佛教常用的四
種概念，所謂「常」乃恆定無生滅的本體、「樂」是心無染塵
的法喜充滿、「我」即是指自我本真的完全實現、「淨」則是
指身心皆不沾染外垢的清靜狀態。這四個字可以用來說明禪坐
在進入到獲得「觀」的境界時的高峰狀況。到達這種境界時，
我們看東西便不再只是用自己的眼光來看「事物的表象」，而是
用自己的本真來接觸事物本質，意即物我之本質可以合一。同
時整個知覺程序似乎超越了平常——我可以聽「顏色」、看「聲
音」。對一個真正向時間開放、向世界開放的人而言，任何時候
都是現在、任何地點都是此地——用力地活在當下。我們用下
頁之圖形來說明。

　　2.**直覺**：「觀」是一種直覺，所謂直覺便是直接以意識去碰
觸事物之本質，因為「自我中心」在靜坐中消除了。在靜坐達
到「觀」的境界時，我們不會在事物之中看見我的欲望與投

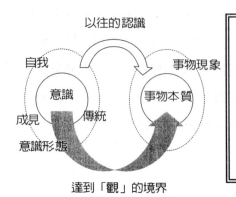

以往的認識

自我　　　　　　　　事物現象

意識　　　　事物本質

成見　　傳統

意識形態

達到「觀」的境界

> 禪定之「觀」不只是指自我不再
> 爲外在事物所牽繫，更是脫去了
> 自我的執著、意識形態、成見而
> 發現自我的意識所在，但卻不爲
> 意識所限制，反而可以導引意識
> 去接觸事物的本質——因爲「現
> 象」是由於「自我」而產生，沒
> 有自我便能超越現象而達本質。
> 這時候便能達「物我合一」了。

射，我們不會在觀察他人時看見接納與拒斥，我們將會在反省
自我時聽到自己內心的聲音、聽到靈魂的悸動，這就是直覺的
智慧。這常常是無法用言語表達的感覺，是一種神秘的經驗，
我們的一舉一動似乎會突然變得清晰起來。心理學家Arthur
Deikman就認爲神秘經驗的形成，必須透過日常知覺模式的「除
自動作用」（Deautomization）——即去除日常生活中已是反射
性、自動性的行動。

　　總之，禪宗認爲靜坐是一種方法，是爲了達到「觀」的方
法。在靜坐中，從外而內地滌淨自我，讓自我與身體、意識分
離，因而可獲得「洞察」事物本質的新眼光——悟。常保這種
眼光，可以讓人充滿智慧。

第四節　一些建議

　　我們介紹了基督宗教的「靈修」與禪宗「禪坐」的淨心之道，若仔細理解，我們可以發現兩者之間其實有一些相似之處；而且，就我個人的經驗，也曾於這些方式之中獲得了一些好處。因此我想提供一些建議給那些盼望得到心靈平靜的人。不過，在這之前，我願意先介紹一本書 —— 《心靈瑜伽》，其中的一些方法對於想要沈靜心靈的人應該有用 —— 至少曾讓我獲得一些啟發。

一、《心靈瑜伽》

　　《心靈瑜伽》是由漢利克・史可林姆斯基（Henryk Skolimowski）所著，黃瓊瑢翻譯。史可林姆斯基是波特蘭華首大學哲學教授，教授「平衡哲學」；他同時也是哥倫比亞大學研究員與密西根大學哲學教授。他稱「心靈瑜伽」為「達到心智健全的途徑、冥想方式與技巧」，遵循之可以「學到如何愉快而有意義地活出尊嚴」 ❶。他提出了一個相當重要的想法：心靈瑜伽的重點在感恩、健康與希望。事實上，這本書提供了不同的修鍊方式，有印度瑜伽的方式、基督宗教的靈修概念、藏

密佛教的冥想、禪宗的生活修行、神秘思想，甚至是當代心理
學的意義治療等等；但是，它的核心點只有一個──尊敬地
球，並與大自然合一。

　　本書分為十一個單元，分別是：「所有生活都是瑜伽」、
「神入的瑜伽」、「恭敬的瑜伽」、「神聖的詩文」、「因果的瑜
伽」、「寧靜的瑜伽」、「傾聽的瑜伽」、「賦能的瑜伽」、「精
神生活的瑜伽」、「內在生命之泉」以及「感知力」。其中對我
個人最具意義的部分有幾個：「神入的瑜伽」中教導人以身體
親自去觸摸地球上的事物──岩石、樹木、流水，感受其脈動
與紋路；「恭敬的瑜伽」要人抱著恭敬的心去面對所有的人、
事、物；「寧靜與傾聽的瑜伽」讓我懂得如何以心去諦聽寧
靜、創造專心，從而創造時間，也懂得專心而恭敬地傾聽他人
──不只說的話，更是整個人的訊息，讓我能獲得比語言更真
實的訊息；「賦能的瑜伽」教導我如何去模仿、想像與參與；
而「內在生命之泉」強調希望、想像、勇氣與決心，讓我們了
解生命其實是一場慶典。

　　這是一本教導人開啟不同感知力的手冊，練習不同的瑜
伽，將參與不同的感知力。史可林姆斯基強調人類存在的形
式，是決定於融入自己生命結構的感知形式；我們生命的進
步，決定於內在潛藏的感知力之表現。也許對於長久處於高科
技文明生活中的現代人而言，「思考」如何使用科技以求生存

是很正常的，但何不直接思考「如何生存」呢？想著如何「運動」是好事，但何不以「勞動」來代替運動呢？欣賞自然是不錯的，但何不讓自己與自然合一呢？我們不必然要全然相信這本書的方法，但是試著做做看，也許會有不同的啓發呢！

二、分享與建議

我不是個靈修大師，但是至少是個追求心靈平衡的人。爲了保持自己的生活品質與思考的敏銳，也因此曾在淨心之道上有過一番追求。在此將個人的經驗與讀者分享。

(一) 每年至少二～三天到大自然中生活

自從教書之後，自己的時間變得非常不夠用。但是每年的寒暑假，我一定會找個至少二～三天的時間回到鄉下，通常是台南左鎮的外祖母家生活。在那段時間，我不會將工作、著作、趕稿等事務甚至思緒帶來，也許花半天的時間坐在竹林中、也許在溪水中躺上半個小時，與家人烤蕃薯、烤土窯雞、清晨挖竹筍、半夜看流星雨。接受自然的洗禮，嗅聞土壤與草木的味道。對我而言，那是一年中絕對不可少的假期。如果有機會與合適的地點，一年中有這麼一段假期是相當必要的。

(二) 每天必定有半小時散步獨處

我的運氣很好，能夠在兼具自然與人文氣息的淡水工作與生活。學校的校園精緻而美麗更是不可多得。可惜許多學生們

上下課來去匆匆，暴殄了上帝賜予的美好景物。每天下課回家時，我都會特意放慢腳步，走那一條一定看得到夕陽的路線，慢慢散步回家。雖然身邊可能有不少學生走動著，但是對我而言我是獨處的；我的時間與身旁人的時間是不同的。有時在欣賞夕陽後，會刻意再繞一段路，直到走得過癮為止。這段時間，我可以思考今日的教學、反省今日的言行；偶爾會到學校底下的海邊呆坐，直到肚子餓了才回家。對我而言，這是沈澱心靈的時刻。

(三) 隨時運用想像力來美化生活

也許是受過音樂的薰陶，我一向是個想像力豐富的人。舉例來說：吃飯時，會想像著自己正在非洲或正在鬧飢荒的地方，那餐飯便會突然變得特別好吃；走路時，會想像自己正走在劍橋的綠樹蔭下或自己嚮往的地方，霎時間，便會有一種幸福的感覺，周遭的景象也突然變得好看了。我個人認為以想像力來調整自己的生活心態是很重要的存在美學。常常看小說與聽音樂是我訓練自己想像力的重要途徑。我一直相信：一個人懂得發揮想像力，他便一定有自由！

(四) 常保感恩與認真之心

或許是因為宗教信仰的緣故，「感謝」與「尊重」是我從小被教育看待別人的基本態度。這種態度塑造了我懂得如何去欣賞別人——就算我真的不喜歡一個人，也一定說得出他有什

麼地方值得欣賞。這種態度對我最大的影響是：我永遠不會真正地去恨一個人，並且相信「保持距離」與「親密相待」是可以並存的。對人的尊重也影響了自己的工作與生活態度：我敬畏工作，並認真相待；我認真生活，並期望生活能更美好。三十年來，「感恩」與「認真」至少讓我活得樂觀、活得有希望、活得有尊嚴。

如我在前言所說，追求心靈的澄淨是人類的本性需求，就算是再反對神秘性的人，也必然有希望「清心」的時候。對於尚未能真正了解自己內在需求的人，也許無法建構屬於自己的「淨心方法」；不過也是因為未能真正了解自己的內在需求，所以才需要淨心以求自覺，這是一個相互辯證的過程。我要強調的是：「心靈滌淨」不只是外在行為或姿勢的行動而已，更重要的是，「心」真的必須要有「轉換」的意願與意志才行。

問題思考

1.請比較基督教「靈修」之淨心與禪宗的「禪坐」有何異同。

2.在看過禪宗的淨心之道後,你對「禪」與「悟」有何見解?

3.反省一下自己是否曾經有過什麼「澄淨心靈」的經驗?是採取什麼方法?

4.試著設計一套最適合自己的具體淨心計畫。

推薦書目

1.漢利克・史可林姆斯基(Henryk Skolimowski)著,黃瓊瑢譯(1999),《心靈瑜伽》,台北:新路。

2.Deane H. Shapiro原著,呂政達譯著(1987),《觀心與觀想》,台北:張老師。

3.陳文裕(1988),《天主教基本靈修學》,台北:光啓。

4.梭羅著,藍瓶子文化譯(1999),《梭羅・心靈散步》,台北:藍瓶子文化。

5.依雅娜・范贊特編著,汪芸譯(1998),《有一天,我的心就這麼打開了》,台北:天下文化。

註　釋

❶見Kathryn D. Cramer著，彭玲嫻譯（1997），《不老聖經》（上），台北：經典傳訊，頁58。

❷「路西法」是基督教墮落的天使長「撒旦」的別名。

❸修道主義是在西元四世紀由安東尼（獨居修道主義）與帕科謬（群居修道主義）在北非開始提倡。當基督教修道主義最興盛時爲西元四至六世紀，以及十至十二世紀。而此時恰巧也是基督教會的體制意識最強的時候。因此J. B. Russell認爲修道主義代表了作爲抗衡體制化的先知運動。詳見J. B. Russell (1968) ,*A History of Medieval Christianity : Prophecy and Order*,AHM Publishing Corporation, pp.1～6。

❹見歐邁安（Jordan Aumann）著，公教眞理學會譯（1991），《天主教靈修學史》，香港：公教眞理學會，頁260。

❺見陳文裕（1988），《天主教基本靈修學》，台北：光啓，頁6。

❻盧雲著，袁達志譯（1990），《羅馬城的小丑戲》，香港：基道，頁106。

❼張德麟（1984），《儒家人觀與基督教人觀之比較》，台北：橄欖文化，頁26。

❽見盧雲著，公教眞理學會譯（1992），《從幻想到祈禱》，香港：公教眞理學會，頁33。

❾盧雲提出了自我與三項事物之間關係的轉變可作爲「觀」的向度：自然、時間與人群。亦即藉由默觀的歷程，我們看出自然不是被佔用的資源，而是應以讚賞感恩的心來領受的禮物；我們看出時間不再是「時序」與「計畫表」，

而是「無數契機」的合成體；人群不再只是角色，而是一個個活生生的人。
見同註 ❺，頁90～100。

❿ 見聖・依格那修著，房志榮譯（1991二版），《聖依那爵神操》，台北：光
啟，頁25。

⓫ 同前，頁100。

⓬ 道教在修鍊「內丹」時，認為人的精神流是一種氣，是有形質的東西，可以
藉著修鍊方法而令其實體化。全真派認為精神流是由「意」控制的，人可以
「有意識地」將氣引導到身體的某一處或將氣閉塞於身體之中。見石田著，楊
宇譯（1993），《氣・流動的身體》，台北：武陵，頁212。

⓭ 如弗洛姆便曾與日本禪學大師鈴木大拙合著《禪與心理分析》一書，榮格也
寫過相當多有關禪宗智慧運用到心理治療上的文章。

⓮ 小乘佛教認為人有眼耳鼻舌身意等六識，大乘則再加上第七識「末那」識與
第八識「阿賴耶」識。「末那」是第六識的基礎，即是「思考」之識；「阿
賴耶」識則含蘊一切諸法的種子，包括勘破一切思考，不僅超越「自我」，更
是悟道的關鍵智慧所在。見 Deane H. Shapiro 原著，呂政達譯著（1987），
《觀心與觀想》，台北：張老師，頁18。

⓯ 同前，頁19。

⓰ 同前，頁5。

⓱ 見漢利克・史可林姆斯基著，黃瓊瑢譯（1999），《心靈瑜伽》，（台北：新
路，頁3。

第十一章　電影中的心靈

第一節　給非專業的鑑賞家

在當代的各項藝術之中，最能夠影響人心靈的應推電影。因為它既具備視覺藝術的「圖像性」，可以同時引發人的理解與想像；也具備音樂的「旋律性」與「進展性」，藉由時間的流動來參與到藝術對象之中。因此，在本單元我將介紹一些我認為能豐富我們的心靈，稱得上是「心靈食物」的電影，藉由分享影片的內容，盼望讀者有機會在觀賞（或是已看過可以再回憶）這些片子時，能有不一樣的體會。

對於一般非專業的觀眾而言，其實鑑賞電影是相當困難的。不過也因此，觀眾去電影院便比專業的影評家更能enjoy，

因為後者會習慣性地把電影分析、解剖、比較、評分，然後疲累而沮喪地走出電影院。雖然如此，當我們花了二、三百元進去電影院，然後腦袋空空地走出來，不知道這部電影對我的意義，也無法對別人介紹這部片子時，那就真的虧大了。因此，我在介紹一些可作為「心靈食物」的好片之前，先提供個人有關欣賞的基本態度與思考線條的建議。

一、基本態度的建議

1.**純粹欣賞**：放鬆自己，不管是不是剛考完試，或是才剛與女朋友吵架，既然花了錢就不要浪費。純粹欣賞，並體會其中所有人的喜、怒、哀、樂。

2.**角色扮演**：將感情投入影片之中，試著去扮演其中任一個角色，想著要是你是當事人在各段情節中會有何反應。

3.**事後詮釋**：找出自己最欣賞的段落與人物，試著就你的角度去詮釋其中的意義或代表的性格。

4.**重整線條**：試著以人物的出場或故事情節重點作為線條之接點，重整故事，務必訓練自己能清楚而流利地重述整個影片情節及自己之感想。

二、基本思考線條的建議

1.哪一段情節最吸引你？你最欣賞哪個角色？為什麼？他們

各代表什麼類型的人？你的周遭是否有類似的人物或關係？

　　每部電影都可分段落，而每個段落都有其主題訴求。我們可能無法就專業手法與角度去評量各段落，但是我們可以找出最感動的段落、情節或場景，並思考為何感動。戲中角色的評論亦然，找出自己欣賞的角色，試著將「他」與自己生活周遭的人物連結起來。這樣，我們將會覺得這部片子忽然親切了起來，意義也就不一樣了。

　　2.任何片子都有其故事主軸，也許一條、也許兩條，而後相交叉接連，通常是以主角之關係發展為主軸。試著找出這些軸線，並探討在軸線上的各人（或點）在此線上各代表什麼意義。

　　找出「軸線」是欣賞電影中相當重要的一環：縱軸便是故事情節的發展；橫軸便是角色之間的關係與演變。而其主軸線常是以主角之關係發展為主。我們可以試著找出軸線，這對我們理解電影的主題有絕對的幫助；然後探討在軸線上的角色（也許是人、或是景物、或是一直出現的動作……等）在這條線上各代表什麼意義。

　　3.找出影片裡面透顯出最重要的信息是什麼？你覺得自己學到了什麼？

　　找得到主軸應該就找得到主要信息，理解了信息便可以與自己的經驗作比較。不過，因為欣賞者的背景、知識程度、生

活體驗以及生命需求多少有些不同，所以找到的信息可能也不
一致，那倒沒有關係，只要覺得對自己實際生活有幫助便可以
了。

　　4.重整自己的心情，並找出一項事物（任何事物、圖案或音
樂皆可）來代表自己的心情。

　　以某事物來代表心情有兩個好處：一是增強記憶，當特定
事物出現時，腦海中便浮現特定的場景或故事，這將很難忘
掉；第二是可以訓練自己的聯想（想像）力與觀察力。

　　以上是我將個人的經驗分享予讀者，當我們帶著期待來觀
賞電影時，別忘了打開自己的情感與智慧。因為沒有訓練，所
以我們不需要分析評斷這部電影的好壞，但是我們可以藉由認
識電影來認識自己，知道自己的欠缺與需求，帶著豐富的情感
來接受感染，我相信那將是很棒的經驗！

第二節　《一路上有你》

　　生來就比別人矮小的賽門，剛生出來就因為體型過小而被
醫生診斷為命在旦夕，但他卻奇蹟似地活了下來。基於這樣的
因緣，賽門認為這是因為上帝的恩典所致，並且深信他這一生
必有一個特殊的意義與任務。儘管不受父母疼愛——應該說受

父母有意忽視，賽門仍在唯一的好友喬（他是個私生子）與喬的母親的關懷下，自信而快樂地成長。兩個人常常相約游泳，賽門並訓練自己憋氣的功夫。喬一直想知道自己的生父是誰，但他那美麗的媽媽卻一直守口如瓶。有一天，不幸的事發生了，當賽門在棒球場上揮出一記好球（以往他的任務是被保送）時，竟然不巧擊中喬的媽媽，讓她從此帶著喬的身世之謎上了天堂。雖然傷心自責，但賽門仍然跨越了心靈的鴻溝，**繼續尋找生命的意義與使命**，也幫助喬解開了身世之謎。但是在他十二歲那年的聖誕節隔天，從教會的兒童多令營回來的途中，巴士為了閃避一隻鹿而掉到河裡，在牧師暈倒、司機逃跑的情況下，他與喬拯救了一車的小孩。因為其身材矮小與憋氣的功夫而救出最後一個小孩，但是也因太冷、憋氣太久，而不幸死亡。

　　我想我一定不會忘掉賽門與喬一起去游泳的那一幕，他們互相競賽、跑過橋下會說祝福的話、微風吹過似乎連上帝也喜悅他們。賽門每次的憋氣練習證明了他絕不受限於自己身體的殘障；而回家的途中，兩人的對話更說明了外表看似殘障的賽門卻比正常人更熱愛生命、更懷抱希望、擁有更健康的心靈。而這種態度同時便成為片中批判其他貧乏心靈的基礎。例如：牧師的懦弱卻又追求權威的心態、李小姐那種欺善怕惡而又剛愎自用的性格、甚至連喬的缺乏生命信心，都在被批判之列；

這些心態與性格都在與賽門相對話與相處的情況下，毫不留情地被赤裸裸地掀開來。

　　在賽門與喬相互扶持成長的這條主軸線上，有兩個關鍵點：那就是「班古奇」（喬的媽媽的新男友）的出現與「蕾貝珈」（喬的媽媽）死亡。班古奇是賽門與喬友誼的潤滑劑，雖然一開始喬不太喜歡他，但是因爲他的誠摯與付出以及賽門的認同，喬也學著慢慢接受他，甚至後來在蕾貝珈去世後，他取代了她的位置，最後成爲喬的養父。當他出現後，這部片中有不少的高潮情節都多少與他有關，他教導喬如何回應賽門無心殺母的懺悔、他同理賽門與喬何以搗毀體育室並將他們從警局帶出來、他成熟而寬容地處理羅牧師就是喬生父的事實、爲了救喬奮不顧身地跳下冰冷的溪水中……他處處展現出睿智、尊重與寬容，我們應能理解蕾貝珈選擇他的原因，有他的陪伴，當喬在失去母親後還能夠有所依靠。而蕾貝珈的過世使整部電影的情節急轉直下——它使班古奇的地位逐漸提升、使喬學會獨立與饒恕、使賽門重新思索「上帝計畫」的意義，原來略嫌鬆散的結構一時間緊湊了起來。蕾貝珈與班古奇的交互出現，作爲支撐兩個小主角友誼與成長的後盾，眞是再適當不過了。

　　在笑與淚中，《一路上有你》安靜地表述出一個核心思想：當你愛的人死去時，他不是忽然不見，而是慢慢消失；而且消失不是眞的消失，毋寧說是一種轉換——所愛的人不見

了，但是愛與回憶卻是永存的。對喬而言，母親的香味漸漸消失了，但是卻轉換成班古奇厚實的臂膀；賽門的身影聲音消失了，但是卻轉換成他對自己那名叫「賽門」的兒子的愛。蕾貝珈、賽門、羅牧師、班古奇……都在喬的身上，他們都在一定程度下影響了喬，一起構成他存在意義的一部分。我想我們可以深刻地體認這樣的心情，並將這種心情放到所愛的家人、朋友、愛人身上。他們的存在對我有沒有什麼影響？我與所愛的人彼此對於對方是否都具有正面的意義？我們是否曾認真地想過，若是缺少了其中一個人，現在的我又會是什麼光景呢？

這的確是一部能感動心靈的好片子，相當值得觀賞，甚至收藏。

第三節　《鋼琴師》

《鋼琴師》是一部由真人真事改編的傳記式電影，片中的男主角大衛‧赫夫考（David Helfgott）從小便在父親嚴厲的指導下學習鋼琴，小時候的大衛可說是位音樂神童；在一次他與父親都認為是失敗的鋼琴比賽中，大衛獲得評審老師的青睞，願意免費教授他正式的音樂課程。接下來數次的鋼琴比賽，因為大衛優異的表現，使他有機會被推薦到費城的柯特斯音樂學校

求學，但這個良好的進修機會卻被父親所阻斷，這對從小聽從父命但內心敏感的大衛來說，是相當大的打擊，也成為父子之間最大的心結。一次音樂家宴會中，大衛認識了當時知名女作家凱薩琳‧蘇珊娜‧普莉查德（Katherine Susannah Prichard），她是大衛學習音樂路程中影響甚巨的忘年之交。因為她的支持與鼓勵，讓他有勇氣能不顧父親以親子關係作要脅，隻身一人來到英國皇家音樂學院追求自己的理想；在指導老師史密斯（Cyril Smith）教授努力用心的教導下，大衛挑戰了他畢生最大的心願──拉赫曼尼諾夫的第三號鋼琴協奏曲。然而，就在大衛在協奏曲大賽中將它淋漓盡致地詮釋完的那一剎那，他的精神也為之崩潰。在精神疾病愈來愈嚴重的情況下，大衛只好回到家鄉醫院療養；在十幾年的醫院療養歲月中，他靠的是朋友與親人的支持而撐過去。當時醫生禁止他彈琴，以避免病情繼續惡化。幸好，大衛以前的同學萊諾德醫生提供他在自己開設的酒吧中演奏鋼琴，因為他優美的琴音獲得許多樂迷的支持，酒吧天天人潮不斷，也讓大衛再次成為音樂明星。並認識了年長他十五歲的占星家吉莉安（Gillian）──也就是未來的妻子；雖然當時大衛話都說不清，每天還需要抽上大量的煙作為安定劑，但他的純真熱情仍然感動了吉莉安，答應了他的求婚。在吉莉安的鼓勵陪伴下，重新踏上音樂旅程，也為自己再次創造事業的高峰，獲得無數的掌聲與喝采。

　　本片中的主軸線當然是大衛的一生。但是我們可以從兩個不同的向度細細咀嚼內中的涵義。首先就是各種感情——父親的高壓式親情、普莉查德的友情、師長的殷切期待、妹妹的支持、萊諾德的接納，以及吉莉安的愛情——在大衛成長的軸線中，都深刻地影響了他人格的形成。這裡面所呈現出的都是各種不同形式的愛——我們可以說，片中沒有純然的惡意。父親秉持猶太人家長的權威，以包得密不透風的愛來對待大衛，但是這也造成了大衛內心深處的抗拒與恐懼——他對父親永遠是畏懼多於愛，想去愛卻不敢愛；普莉查德對大衛卻正好是完全相反的對待方式，這讓他在此感受到自由、釋放與積極。這兩種極端的對待方式模塑了大衛的矛盾性格——熱情卻又怯懦、順從卻渴望反叛。這樣的性格困擾了大衛，音樂成為他唯一的宣洩管道，但是當音樂本身的情感（拉赫III）超越了他所能平衡處理時，極端的性格使得他崩潰了。但這未嘗不是一種契機，因為當他從精神病院被接出來時，其內在性格已經被重組整理了；他已找到一個定位點，懂得如何去面對其他各種人的情緒與對待，以至於他可以用這種性格去面對吉莉安，享受甜美的愛情。

　　第二個向度便是大衛對這些感情的反應。大衛是個感情極為纖細的人，任何一種對待方式都被他小心地收藏在心中。他知道這些對待方式都是不同的關懷，因此他壓抑自己的感受

——尤其是對父親的管教，將之視為自己成長的主要模式。但是，他可能未曾發現，另一個真實的自我在普莉查德的導引下已漸漸浮現。然而他並沒有深思反省這種自我與原先價值模式的關係，無法做有效的調和。一方面他習慣於順從、被安排；一方面他又喜歡自由、自己作主。自我厭惡感、內疚感、反抗心、追求釋放的熱情像巨浪般襲向大衛。當他還能藉追求生平目標（拉赫III）來轉換這些焦慮時，尚稱無事；但當他完成了這個追求，成功地演奏完拉赫曼尼諾夫的第三號協奏曲的剎那，情感再也無法被轉換，所以他崩潰了。

藉著這兩個向度，我們看出此片的重要訊息。生平所有的經驗是構成人格的重要成分，但更重要的是，這個人能否在成長的過程中不斷地、相應地處理自己心靈所接收到的訊息，同時可以成長。在不斷的刺激與回應當中，讓自己的靈魂找到自己的定位。現代人都或多或少具有精神官能症，那是因為現代人不會利用各種模式來處理外在環境的挑戰與自我情緒的反應，以至於在平衡上出了問題，而在某些層面中無法適應社會。要避免心靈的崩解，其實最重要的，便是去面對並認知當下自己的處境與情緒，不要去逃避，或者這樣將有助於心靈的不斷成熟。

第四節 《美夢成真》

　　此片是敘述一對戀人從相戀到組織家庭，之後兩個小孩子與男主角相繼在車禍中去世到了天堂，女主角則是以自殺的方式結束自己的生命，結果卻是到了地獄，而男主角竟創造奇蹟，將在地獄中的妻子救出，一家人在天堂重新相聚，最後男女主角又選擇投胎轉世，再次相遇。

　　我個人認為比較關鍵而有趣的重點是「天堂與地獄」，以及如何「從地獄回到天堂」。男主角死亡後上了天堂，但是這個天堂卻是自己所想像的。這與其他宗教（如佛教）的觀念有相當大的差異，因為在佛教中若非經過修行，就只能在六道不斷地輪迴。而在此片中所描述的，則是人有相當大的自主權，而且能力其實幾乎已經媲美上帝，天堂的樣子就是自己心中所想像的美好形象，每個人都有屬於自己的一個地方，創造屬於自己的美好天地。「天堂」的景象似乎在告訴我們：只要在世時信仰上帝，隨時保持樂觀與美好的思想，絕對會上天堂；然而女主角所處的地獄，雖然與男主角所在的天堂截然不同，可是卻有異曲同工之妙。因為兩者皆是心境所造，只是在地獄中，人會不斷地感到絕望、痛苦，處於地獄者也不知自己已經死亡，

這一部分又似乎與中國所描述鬼魂執著的性格是一樣的。在地獄中，最危險的就是「喪失心神」，亦即當一個人失去了自我意識便等於陷入地獄而不可自拔。自殺者之所以會下地獄，就是因為他們失去了存在的希望，而讓絕望與悲傷擄獲了自己的意識。那麼，如何從地獄回到天堂呢？當男主角在地獄要將女主角救回天堂的那一段，說明了人有創造奇蹟的力量，這股力量甚至可以推翻一般人所認定不可改變的規則。只要「愛與希望」夠強夠堅持，能夠喚醒其他已經失去希望的人的意識，我們就等於是將他從地獄之中救了出來。

　　本片是採取心理學的角度來重新詮釋天堂與地獄。天堂是什麼？在塵世之中如何創造天堂？天堂所顯現的就是自己心中最美好、希望的部分，只要勇敢地去面對自己的恐懼、死亡，就算環境再壞再無助，還是會有樂觀的想法或是令你快樂的事。地獄是什麼？如何才能脫離地獄？地獄便是失去了存在的希望，也失去了自我超越的力量與欲望，只能在無盡的無奈與絕望中迷惘浮沈，而解脫的方法便是想辦法重新喚回生存的美好記憶、意志與希望。不過對喪失心神者，便必須找一個人來幫助他——電影中便是以當事人最思念或最牽掛的人來引導他。

　　牽動整件事的主軸與動力是什麼？沒錯，就是愛！克里夫與安妮之間的愛與思念構成了他們的「靈犀」，因為這種靈犀的

牽繫，使得克里夫隨時感受得到安妮，甚至在地獄中他也找得
到她。我們可以說，克里夫的愛讓他歡喜，從而上了天堂；也
因爲愛讓他領悟，從而認出了他的兒子和女兒。但是安妮的愛
卻含括了自責、悲觀與壓力，這樣的愛讓她承受不住而自殺，
從而下了地獄；但卻也是因爲「愛」這條細線，讓她重新認回
克里夫，而喚回了自己的意識，最後回到天堂。人與人之間最
強的連結力量就是愛！

　　事實上像這樣的影片頗有「新時代」（New Age）觀念的味
道。亦即強調人有不斷向上的力量，人生是充滿希望的，人所
表現出來的大都是正與善的一面，並且強調一切事情的決定與
否全在個人本身。在這種情況下，神的存在便非絕對重要了。
在「新時代」中，人的存在便是不斷朝著「神」的方向來超
越，以至於像神一樣。或許有人會覺得人怎可與神比較甚至達
到神的境界？但是在「新時代」的想法是，當人類自我超越到
與神一樣的能力時，神是高興的。就如父母看待子女一般：當
孩子會走路——甚至長得比自己高時，父母是很高興的，神的
心情就是如此。

　　觀賞此片時有一點是很重要的：那就是不要以「宗教」的
末世觀與邏輯性來思考本片。嚴格來說，此片的矛盾之處也有
很多。例如：可選擇要不要輪迴、天堂景象的虛實存在、天堂
到地獄之困難與地獄到天堂之簡單，還有對人心態描寫過於簡

單⋯⋯等等。按照編劇的意圖脈絡，我們應可感受到那種感人之處。我個人是覺得人生本就是一個曲折線條所形成的道路，人當然要有希望，可是人也有很多不好的一面，在強調人是善的時候，似乎太過逃避了人也有很多不能的時候，這在人的心靈反省時也相當重要的。

第五節　《無情荒地有情天》

　　這部電影的拍攝方式是有別於一般電影的，它將電影切成三個部分，做有條理的敘述，這是歐式電影的特色，手法特異、新奇與詭譎。一開始先敘述兩人的成長背景與學習環境，其實姊妹兩人人格的差異在第一段就埋下了伏筆；而第二段是以Hilary為主角，以她與其家人的觀點來看Jackie；第三段則以Jackie的角度出發來看她的遭遇，以凸顯其在人生問題上的無助與絕望。

　　導演運用這種「詭譎」的手法作為開頭，一開始便給人一種摸不著頭緒的感覺，這部電影就像它的英文原名*Hilary and Jackie*一樣，敘述的是 Hilary 與 Jackie 的故事：一樣的環境、一樣的生活背景、相同的音樂素養，但卻造就了兩種極不相同的人生觀與命運。這兩個主角的分歧點是從Jackie第一次的國外公

演開始，主軸由相連結的線突然分開，但卻又纏繞不休。導演在此巧妙地運用了「分類」的手法，在這裡我們可以明顯地看到歐洲電影近年來慣用的手法與風格，這與一般的美式較肥皂劇的風格大相逕庭。

　　其實，人與人之間的誤解往往都是來自於彼此對於一件事情之價值判斷與觀察的面向不同，我們在生活上往往也犯了同樣的錯誤；當我們認為自己的想法與判斷是絕對正確的時候，便同時宣判了他人的錯誤。我相信，當我們看過 Hilary 的故事之後，一定會對於 Jackie 的行為感到非常地不諒解與不認同；然而再看過 Jackie 的故事之後，可能又會覺得她很可憐，程度上同理她的想法，甚至反而會同情她。人的情感就是那樣脆弱、那樣不堪一擊。而試想，你我在看同樣一件事物時，角度與價值觀的切入點是否有差別？你我也常犯相同的錯誤，就像戲中 Jackie 與她的家人對於「郵寄包裹」所代表的意義與感覺就不相同，衣服的香味是家與母親的味道，這對於 Jackie 而言是比收到任何東西都要值得的；但，似乎她的家人卻無法體諒到這一點，這是令人深感惋惜之處。這部片子帶給人的衝擊很大，似乎是急欲表達某種人與人之間相處的實際問題，卻又沒有絕對的答案，因為好像戲中任何人都沒有絕對的對或錯，只是彼此對對方的一種誤解與目光太過狹隘的看法所致。

　　這部片子與《鋼琴師》有些相呼應的地方，最明顯的就是

都帶有「心理分析」的色彩。它們都強調家庭對於一個孩童的人格與日後身心的發展有著決定性的影響，家庭對於孩子是阻力還是助力，根植於父母對於孩子的期待與觀念或是壓力；而這種壓力有時往往是無形且無意中造成的，但卻會使得孩子的價值觀偏差或不正確。對於孩子彼此間的相互成長，也不要以一人之成就來作為另一人成長的指標，因為這帶給孩子的壓力是很大的。這部電影中導演所用的方式與訴求的議題都是值得你我一再認真思考的，這是一部發人省思的電影，它值得你我一再欣賞。其實*Hilary and Jackie*的故事在現今社會中仍不斷地上演著，都因著雙親的期待與兄弟姊妹間的所謂「追隨效應」，產生了巨大的陰影與壓力。

第六節　《啞巴歌手》

這部片子在名稱上便帶給人一種驚奇感：「啞巴也能唱歌？」事實上本片在描寫一個具有模仿天賦卻有輕度自閉的女孩Eilphy〔別人都稱她為Little Voice（她本名是Rolla）〕，如何面對不同性格的人物與外界各種情境的刺激，最後又如何走出來而找回了自我。

Little Voice（以下簡稱L.V.）是女主角的媽媽為她取的綽

號，她的媽媽是一位喋喋不休、沒有氣質涵養、不斷尋找新戀情的女人。自從父親死後，她們便住在北英格蘭一個靠海城市的死巷子中。L.V. 時常獨自一人聽著她父親所留下來的經典唱片，相當沈醉於她最喜愛歌手的歌聲中。一天，當地的一個星探雷賽（Ray Say），聽到從L.V. 的房裡竟傳出茱蒂嘉蘭優美的歌聲，仔細一看發現不是鬼而是L.V. 在唱歌，他認為這真是千載難逢的好機會，便計畫不顧一切代價，也要把深受驚嚇、亟欲脫逃的L.V. 變成舞台上閃亮之星。第一次失敗了，雷賽以L.V. 在天國的父親為說詞，讓她同意第二次的演出，但她唯一的要求是只此一次，下不為例。走上舞台的L.V.，化身成為茱蒂嘉蘭、瑪麗蓮夢露、莎莉貝雪等不朽的明星，再次以自己的天賦展現她們優美的歌聲。但此時醜惡的人性顯現出來了，雷賽把L.V.視為搖錢樹，是他平步青雲的工具；她的媽媽郝茉莉視她為獲得雷賽愛情的靈藥；俱樂部的布先生視她為招徠顧客的利器。他們忘了對L.V.的承諾，也因此遭到了她的唾棄與反擊。

有一個人絕對不能忽略的，那就是比爾（Bill）。他是一位電話維修工程師，在性格上幾乎和 L.V. 一樣內向害羞，也不太說話，他是除L.V. 的父親之外，第一個注意到她並給她鼓勵的人。但是他一直認為L.V.的唱歌代表了別人對她的壓榨與她自己的屈從。後來當雷賽引發了L.V.家的火警，而他將L.V.從窗口救出時，等於將她從過去的回憶與自閉解放出來。在那之後，

Eilphy變回了 Rolla，說話明快了，也能清楚地表達對母親的不滿。尤其最後一幕中她讓鴿子飛向天空的場景，似乎表現出她心靈與生命的解放與重新開始。

這部片子的轉折點是在雷賽無意中使L.V.家的電線走火而引起的火災。在這之前，我們可看到L.V.絕大部分的語言仍是唱片中的歌詞與聲音，仍然不敢走出戶外，仍然活在對父親的懷念與愛戀中；但是火災把過去的這一切——無論她認為是好的或不好的、喜歡的或不喜歡的——全部摧毀，尤其比爾將窗子打破的那一幕更是樞紐，象徵著把整個人都混亂不堪的L.V.帶出了自閉的窠臼。自火災之後，她不但走出了房間，也走出了父親的記憶，她有了自己的語言，她用了自己的名字，她會主動地去找自己喜歡有興趣的事物。火災，是過去的毀滅，也是未來的重生。

在片中有兩次，L.V.的父親以黑白的影像出現，而每次的出現都讓 L.V.敢於引吭高歌。到底「父親的影像」代表什麼呢？可能有的人認為那代表「勇氣」、「關懷」、「愛的回憶」……我則認為它代表了一種過去愛的桎梏——包含了對父親的憐憫、對父親的依賴，以及對母親的不滿。基本上，有些許「戀父情結」的意味。對L.V.而言，那或許是最值得珍藏的回憶，亦即內在動力的來源；但那實際上卻是必須打破的東西，因為就是這個影像讓L.V.無法變成Rolla。雖然她似乎有意於比爾，但

她也擔心如此一來，父親將真正被遺棄。我們無法猜測當她接受比爾後，父親的影像是否仍會出現，但可以肯定的是：這個影像應該會變成彩色的。

片中另一個重要的象徵物便是「唱片」。對L.V.而言，「唱片」與裡面的歌代表了一種語言、一種「存在方式」、一種與父親溝通的橋樑、甚至是一種防衛武器。在她尚未找到自我之前，唱片是她生存的支柱；然而那也同時成為限制她的牢籠。當她發現自己的支柱全被她母親給毀了之後，魔咒消除了，她可以與母親爭執，她可以找回自己。因她已不再有逃閉的空間，她或許不再模仿，但她肯定可以活得更有尊嚴。

我們切不可將L.V.、比爾、雷賽、布先生、郝茉莉各自想像成某種人的代表，因為這些人都存在於我們的心中。我們有自己逃避的空間、我們有時會自我設限、我們有時候會想要利用別人、我們有時會想利用特殊能力來獲得愛與性，我們有時也會自我反省而自我解放。無論如何，我們都必須確信每個人都有屬於自己的天賦才能，不要妄自菲薄而隱藏之，也不要自傲自大而忘了自己的角色與極限。要找出這個才能並發展它，因為那極有可能是認識自己的線索。啞巴可以是一個天才歌手，你呢？

問題思考

1.試著以欣賞電影的原則解析自己最近看過的一部電影。

2.找出一些堪稱爲「心靈食物」的電影。

3.選擇任何一部本文所介紹的影片，試想若自己是主角，將
　會是什麼結局？

推薦影片

1.以愛與自由顛覆傳統——《心靈點滴》。

2.服膺心中的眞理——《勇者無懼》。

3.慈悲與寬容的潛能——《綠色奇蹟》。

4.悲愴至極的心靈——《螢火蟲之墓》（卡通）。

第四部

結　論

第十二章　和諧心靈的建立

第一節　成功哲學的反思

　　生命是一段浩瀚的旅程，沒有人知道在終點會有什麼光景等著自己。就算是再有自信、再能自我規劃的人，仍然無法全盤掌握已知的自己，更不用說是掌握未知的那一部分了。每個人的生命歷程都像是一本書，而絕大多數的人都希望自己這本書的結局是「成功」；只不過當自己在回顧過去的自己時——包括現在的我在回顧二十分鐘之前的我，大部分都相當的不滿意，認為還可以做得更好。我們可能相當羨慕社會上某些所謂的「成功者」，但是更可能發現他們的自怨自艾比我們更加嚴重。

　　「成功的人生」是什麼？「成功」又是什麼？一般人對「成功」的定義應該是：將自己設定的目標完整而有效地完成，這樣的定義在今日物質掛帥的台灣社會中，便造成了「以成敗論英雄」的成功哲學。所謂「成功」便是有成就、有地位、能迎合社會大多數人所認為「有所作為」有價值的事，而且愈早達到目標便愈成功；甚至連當事人也服膺在這樣的社會期待之下，照著別人的期待來奮鬥。把別人的期待當作自己的目標，同時也教導自己的子女服膺這樣的目標。然後在「一體化」的社會媒體與教育的宣傳中，把「成就、地位、能迎合社會大多數人所認為的價值」當成典範，合乎典範的便被認同，違反典範的便被排擠。

　　我們偶爾可以聽見類似以下的對話：「王太太啊！妳的家教真是了不起啊！妳看你們家老大今年醫學院畢業，老二又考上律師執照，老三的成績又這麼好，明年的研究所一定沒問題的了。妳是怎麼帶的？妳也教教我嘛！」「哎呀李太太！妳可別這麼說！我可不認為這有什麼了不起的。小孩子自己想唸書，我們就讓他唸，作父母的只能從旁鼓勵。若真有什麼可說的，就只能說他們都很乖而已。」然後就看到王太太回家開始對著老三直唸：「沒事不要出去玩，好好準備研究所考試！看看你大哥二哥都這麼棒，你可不要丟臉了！」

　　我並不反對人要向著自己的目標不斷前進，我甚至也同意

所謂的「成功」必須要真正的貫徹自己的目標與信念。問題是：我們如何知道什麼是真正「自己的」目標與信念呢？我們太常以別人的設定、父母師長的期待、社會的標準、甚至是媒體渲染鼓吹的成就標準，作為自己的人生目標。有時也許會覺得不適，但是因為要被社會認同而將這種不適的感覺壓抑下來，到最後自己真正要什麼也不知道了，自己是誰也不知道了。在「無我」的情形下麻木地奮鬥，最後賺了些錢、與社會所謂的「好伴侶」結婚、具有某種程度的社會地位、建立人人稱羨的家庭、小孩子皆考上明星學校……在言談中自己覺得很有面子，似乎我們已經符合社會的期待，成為所謂的「菁英分子」或「優秀分子」。然而，卻常在晚上輾轉難眠：「這真是我所要的嗎？」「為什麼我總覺得有些遺憾呢？」「為什麼我總認為不快樂、對未來有恐懼呢？」

　　「我們要的到底是什麼？」我想我們有必要重新再一次省思自己所謂的「成功哲學」。很明顯地，「成功」除了「完全而有效地達成自己的目標」之外，必定還要具備某些條件。我將「成功」分為「自我認識」與「自我實現」兩大部分，並各有一些要素，以下分別述之。

一、自我認識

　　「自我認識」這個詞似乎有些弔詭，好像是要做自我定義，

但是定義又好像否定了人有無限的可能性。關於這一點，蘇格拉底給了我們一個線索：「認識你自己。」他的意思是要我們時時反省自己，了解自己的特性與人格，並以此作為起點來開展尚未開展的自己。因此，「自我認識」不是自我設限，而是為了自我實現並超越的重要起點。而為了有效地為自己確立起點，我們可以分三個面向來自我認識：反省過去的我、省察現在的我、預測未來的我。

（一）反省過去的我

我有一些做廣告的朋友，他們嘴邊常常掛著"USP"。有一次我忍不住問他們到底"USP"是什麼，他們說"USP"就是Unique Selling Point的縮寫，也就是「獨特賣點」的意思。任何一件東西都必然有與其他類事物不同的地方，而做廣告的便是將這特點找出來。人也一樣，每個人都必然有屬於他自己的特點，而那常常便同時是自己最適合的發展方向。

我們應該感謝「心理分析」學派的諸位先賢們給了我們找出自己USP的線索，那便是童年記憶。無論是佛洛依德、弗洛姆、阿德勒抑或是榮格，都強調一個人的人格發展受到了童年記憶的影響。事實上，我曾經在教授「生涯規劃」課程時，要求學生回想十五年前與十年前自己父母的生活形態，然後對照自己現在的生活形態來設計自己的理想生涯，結果學生在作業中一般都反映了理想形態往往受到以往童年記憶的影響。我們

可以反省自己的童年興趣與最擅長的能力，那往往透露了我們的USP——我二弟以前喜歡自製聽診器與壓舌板，玩「醫生看病人」的遊戲，他現在是一位醫生；我自小就喜歡聽著音樂比手畫腳，想像自己是一個指揮，而今我除了教書之外，也擔任過許多教會的詩班指揮——我認為那是比教書更能滿足我的工作。

耶穌曾說：「凡要承受上帝國的，若不像小孩子，斷不能進去。」❶也許也能用在這邊吧？

(二) 省察現在的我

也許回顧了童年記憶之後，得到的只是一些模糊的片段。事實上，我們大部分的人都不會去注意自己童年的天賦或能力；不過，有的人卻發現自己往往在處理某些事上特別得心應手。若我們將自己覺得擅長處理的事集中起來比較一下，應該可以發現這些事其實都有相似點，或它們具有某一個相同的特點。若我們可以將這相似點或特點找出來，或許便有助於了解自己的能力所在；相對地，這個特點的反面便很有可能是自己的限制所在了。

值得一提的是，當找出了這個特點時，我們往往會發現它其實與我們已遺忘了的童年天賦有一些內在關係——如果我們願意去關聯的話，同時也會發現現在這個特點似乎更有內涵了。那是因為現在的我是過去所有的我的累積之故。舉個例子

來說：以往我的一個室友只希望當作家，但是卻進入了一點也不喜歡的哲學系，在不斷掙扎與痛苦中也終於畢業了。也許進入了報社，還是能提筆寫些東西，卻發現自己的文筆似乎更具穿透力，對社會的觀察能夠更周延。他發現：無論喜歡或不喜歡，這四年的大學生活、與哲學系同學的討論、令他崩潰的作業報告、在不打瞌睡的情況下不經意聽到的課，都內化成他生命的一部分了。他可以奮筆疾書，但是卻不再風花雪月，他相當喜歡現在的自己。

　　另外一個自我省察的方法剛好是逆向的。我在「大師的心靈」單元之中提到：我們必須學會聽聽自己心中的聲音，而這些聲音又常常是存在於痛苦、掙扎、焦慮之中。我們得學會去聽這些聲音，去聽聽自己原來不想聽、忽略了的感覺與聲音，那常常是「真我」在提出控訴。願意去聽它才能有回復自我真貌的機會。

(三) 預測未來的我

　　藉由「童年的回憶」與「現在的特點」，我們似乎勾勒出自己的某種「取向架構」（orientation），但是這個架構的存在只是為了讓我未來的道路更清楚，讓我能反省地取用過去與現在的知識來建構我的生涯規劃，找出我的人格特質所在，真正地發展合乎自己本性的成功哲學。

　　「預測未來的我」包含了兩個層次：「建構目標」與「創造

遠景」。所謂「建構目標」便是藉由具體的文字來鋪陳自己的未來工作與生活。這個「目標」必須眞正由自己訂定，結合了自己的天賦能力、興趣與夢想，同時清楚地知道這裡面所有文字概念的涵義，它可以眞正激發自己的熱情，並且將這熱情帶到工作與生活之中。蘿莉・白・瓊斯（Laurie Bath Jones）在其《耶穌談成功──找出最適合你的人生目標》一書中，提出一個相當有用的「公式」來建構使命❷：「找出一至三個最令自己振奮的動詞」，加上「自己認爲最核心的價值」，而其對象是「最令自己在意的理由或團體」。如：「爲我周遭所有人創造、培養及維持一個成長、挑戰及無限可能的空間」，又如：「不斷地認同、啓發自己的學生以促進他們的創意」。重要的是：目標可以是階段性的，在完成這項目標後可以繼續建構新的目標。

　　「創造遠景」便是將目標給具體化的過程。例如我想要有一個「美滿的家庭」，我便必須將所謂「美滿家庭」的圖案給畫出來。常常我們的目標太過沈重，此時便需要遠景來支持我們的決心。它不是白日夢，它是我們目標具體化之後的景象，而我們的目標又是建立在我們的能力基礎上；因此，我們必須相信──因爲事實的確如此──我們有能力達成這個遠景，並時時注視著它。遠景是一種信念，而堅強的信念可以改變思想，而思想可以改變生活。當然，理想與現實之間總有一個「緊張地帶」，而這個緊張地帶常常是與我們實際生存的社會條件相扞格

的。我們要有意識地衝入這個緊張地帶，而且在其中充分展現
自我的存在尊嚴與生命張力，我們在創造遠景的藍圖中一刀一
斧地削去不屬於遠景的那些部分，正如米開朗基羅
（Michelangelo Buonarroti）一刀一斧地削去不屬於大衛的部分一
般。生命是充滿壓力與緊張，但至少那是讓我邁向成功的壓
力，而不是別人遠景所給予的無意義的壓力。

二、自我實現

　　將自己的目標真正實現的歷程，便是「自我實現」的歷
程，自我實現的基礎便是自我認識。真正的成功便是清楚地知
道自己的特質與存在意義，並且完整地完成以這些為基礎而設
定的實際目標。當然，真正的自我實現仍需要有一些特質，不
過在提到特質之前，我先要將一些概念加以釐清──這對於認
識「成功」的真義絕對有幫助。

（一）「自我認同」與「自我超越」

　　1.「認同」是將「認知」導引向「實現」的動力：任何的自
我實現都必須建立在對自己真切的認知上。其實，無論是什麼
樣的實現歷程都是一樣，我們對於所要從事的工作愈清楚，就
愈能掌握工作的特性與進度，甚至能有超越性的思維。因此，
我們可以這樣說：實現的強度奠基於認知的深度與廣度。

　　對於自我生命的掌握更是如此。眞正的自我實現具有兩個
向度：一是自我內在生命發展脈絡的全然開展，二是對於自己
與存在世界所有人事物關係的合理聯繫。前者必須用各種可能
的方法清楚地知道自己的人格特質、生存驅力的意向，以及自
己能力的限制所在；而後者必須了解現在世界的脈動、自己的
定位，與世界所有存在事物的關係，從而建立各種合理的聯
繫。我們眞正知道多少，能夠掌握的程度就有多少，雖然認知
不等於實現，但是不認知就無法有效地掌握方向與利用資源。

　　如何從「認知」變成「實現」呢？我認爲很重要的關鍵便
是「認同」。當代人本心理學家馬斯洛便強調：「唯有少數人可
以在這塊充滿幸運的土地上，達到自我認同、實現自我、發揮
自我，充分表露人類天賦特質的境界。」❸我們可以清楚地知
道自己天賦的能力，我們也可能聽到了自己內心的聲音、發現
自己的生命脈絡，我們也可能在不斷的生存挑戰中，累積了生
命的特質並加以深化……但是若我們不願意去承認那就是我的
話，一切將毫無意義。換句話說，「自我認知」是「自我實踐」
的起點與基礎；但是眞正的動力來源，卻是對自我的「認
同」！有些人成功地度過一生，因爲他知道自我發展的起點，
他必須先愛自己，秉持自己獨特的性情，進而引出自己潛藏的
能力。唯獨眞正認同己的人才能對自己的生命負責；也唯獨眞
正能夠爲自己負責的人才能不斷超越自我。

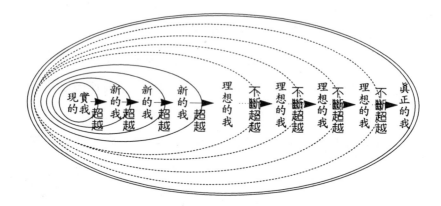

　　2.**完全的「自我實現」便是「自我超越」**：我一直秉持著一個信念：人再怎麼超越自我，其結果便是更趨近於自我。人的自我真相絕對與現在的自己不同，真正的自我是一個和諧的整體，同時完全具備了實現自我的能力——是具有「神聖形象」的在世存有。但是，現實狀態下的人卻是完全相左於這樣的理想——充滿了內在的矛盾、無法自拔地耽於逸樂與欲望之中、隨時感受到生命的焦慮與壓力，是一個完全「墮落」的在世存有。但是，人之所以可貴是在於他具有「向上提升」的衝動。一般都將人從「實際的自我」向著「真實自我」提升的歷程稱為「自我超越」，因此我便認為所謂的自我超越，便是向著完整的、真實的我邁進了一步（見上圖）。

　　這個看法是很重要的，它可以帶出兩種向度的思維：首先，能真正這樣想的人才是真正「謙遜」的人；其次，能真正

這樣相信的人才能不斷拓展視野，活出人性的尊嚴。局限於對物質層面過度強調的緣故，人因此往往無法將潛能真正地發揮出來——或許是生理的、或許是精神的。「現實的我」可能只是活出「真實的我」的十分之一，我們畢生的奮鬥其實是在讓自己也能將其他的十分之九活出來。我認為，評價一個人的人生是否成功的最後標準，往往不在他是否「五子（銀子、妻子、孩子、房子、車子）登科」，而在於他在五子登科後是否還能活得自在快樂。我的內在人性衝力讓我不斷超越現狀，而衝到最後就是讓自己能真正符合自己本質地活著。

　　真正的自我超越是什麼？是能讓自己不斷地克服人生的障礙，活出百分之百的自己！

（二）自我實現的重要特質

　　Napoleon Hill與W. Clement Stone合著了一本《邁向成功之路》，其中最為作者所強調的成功者特質便是PMA（positive mental attitude，積極的心理態度），同時也列舉了十七個成功原則❹。我相當認同「積極的心態」對於自我的充分實現具有關鍵性的地位，不只是在許多書裡談到「成功」時都少不了它，更因為我基本上也是積極心態的受益者。不過，在審視了那十七個成功原則之後，我比較了一些類似教導成功書籍的各類說法，以及對照自己的經驗（是觀察的經驗，因為我倒不認為自己已經算是自我完全實現了的人），將之歸納為最重要的四個特

質：意志力、想像力、反省力與涵容力。

1.**意志力**：「意志力」有許多同義詞：堅持、永不放棄、強烈的信心、持續的熱情、自律、自我暗示、勇氣…… 等等。我不必在此探討它的字義，相信應該沒有人會反對「堅強的意志」是導引自我實現的重要因素。在我們認識自己的特質並為自己訂定計畫之後，便必須勇往直前地向著自己的目標前進。我們一定會遭遇挫折、遭遇反對、遭遇力不從心、無可奈何的時刻。能夠真正堅持下去、只專心凝望目標的人，才有可能看到希望並成就自己。耶穌基督也是一個意志堅強的人，《聖經‧馬太福音》記載祂在曠野中禁食四十晝夜，又餓又累，此時意志力一定很低，魔鬼前來以「食物」、「名聲」、「財富」引誘祂，卻被耶穌斥退❺。我常在想，若是耶穌基督不是意志堅定的人，祂必然無法承受十字架的痛苦，一定會以其異能拒絕十字架。所以基督教的重要德行之一便是「忍耐中有盼望」❻。

訓練意志力的方法可能有很多，我認為最有效的兩個方法是：「正面而持續地自我暗示」以及「保持信仰」。前者便是運用各種管道，將一個訊息不斷地輸入自己的潛意識之中，直到目標完成為止。如每天早晨在鏡子前面肯定自己的能力，將讓自己充滿了可解決一切困難的自信，並增加自己忍受痛苦的能力；又如利用手錶的鬧鈴，每響一次便提醒自己要樂觀，甚至

只要是任何鈴聲響起便在心中提醒自己一次，不久之後我們會發現看事情的態度都不一樣了。「正面而持續地自我暗示」是個有效又可以自己進行的訓練。至於「保持信仰」嚴格來說並不是方法，而是在一種「可依賴」的狀態下所自然產生的捍衛信念的能力。一個具有信仰的人，對於忍受痛苦的能力必定比完全沒有信仰的人來得強，而信仰虔誠的人又會比不虔誠的人更有意志力。

2.創造力：光聽「自我實現」這個詞似乎就是按著既定的步驟與藍圖一步步來實踐，好像與「創造力」扯不上關係；但是如果將「自我超越」也放入「自我實現」的範圍中，那麼「創造力」在自我實現之中便極為重要了。我在之前「預測未來的我」那一部分中，提到了「創造遠景」的概念，那就是一個「創造力」的展現。創造力代表了一種「新眼光」、代表了自我格局的提升、代表了衝破困難的潛力被激發，創造力也讓我們直觀到了原始架構中的新脈絡。通常，創造力是跟隨在意志力之後，在不願放棄的堅持中所生出的新能力。當我在生活與工作中遭遇困境時，代表我的自我實現遭遇到了瓶頸，此時便需要有創造力來為自己找出「柳暗花明又一村」的實現路線，同時也藉由創造力在此建構希望的遠景，支持自己繼續往前衝。

創意思考其實是可以訓練的。我通常會介紹兩個方法來訓練：「模仿法」與「一對聯想法」。模仿法便是當遇到難以解決

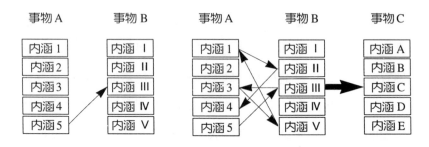

※A 與 B 是兩種完全不同的事物，它們各有五個內涵。當我們要將 A 與 B 連結成一個新事物 C 時，必須就它們之間的各內涵作比較，結果內涵5與內涵Ⅲ較具相似性。在以此二者連結後的心內涵危機點，開始連結其他各個內涵，最後終於將此二不同事物結成一新事物 C。

的問題時，回顧曾經解決過類似問題的過程，將其中的各步驟與特點找出來，針對現下的情況加以變化（如步驟的順序、增減、軟硬體的改變等等），或許新的組合便能創造出新的成果；而「一對聯想法」便是將兩個毫無關聯的概念加以連結成一個新概念，或將兩個毫無關聯的事物連結成一個新事物。其要訣便是將此二事物或概念的各成分與內涵加以分解比較，找到有可能連結的要素並加以連結，連結後的新成分便可以與其他成分加以連結，終至將原來兩個毫無關聯的概念或事物連結成一個新的事物（如上圖）。

　　訓練自己的創意思考可以有效地提升自己的「聯想力」與敏銳自己的「觀察力」。這些在自我實現（或說從現狀不斷地躍升）的過程中是非常重要的。

　　3.**反省力**：自我實現的過程是持續而漫長的。往往在這漫長的過程中，我們會遭受到挫折阻礙，而使自己偏離了原來的目標，也許是來自於外在環境或別人的不認同，或是來自於自己對目標信念的不堅定，或是在無意識的情況下就這樣偏離了正常的軌道。事實上，這絕對是極有可能發生的。因此，要能始終如一地實現自我，隨時自我反省是重要的。

　　「反省」是一種「比較」並提出自我批判的功夫，它代表了我們必須常常踩進「理想」與「現實」間那種「緊張狀態」之中。自我反省在整個自我實現的歷程中扮演了「指南針」以及「修補者」的角色。當我們循著既定的目標不斷自我實現時，偶爾會發現有些阻礙似乎會讓我們不得不繞路而行，也許我們偶爾必須低下頭來處理一些事情；有時抬頭一看，景觀全變了，目標不見了，此時我們便需要從頭反省自己的目標，想想看自己現在的作為是否合乎目標。常常在這樣的過程中，目標會重新浮現，一些原來與目標無關卻困擾我們的東西會引退不見。反省會幫助我們重新釐清方向，像「指南針」一樣讓我們清楚自己的目標。除此之外，「自我反省」能讓我們重新回顧過去的失敗或挫折，在時空轉移之後，我們或許便能夠知道自己的不足與失敗的原因，在未來的日子裡面修補自己，以達到完善。就是因為有些自我能力的領悟不是一蹴可幾的，所以更需要在不斷反省的過程中，慢慢地將各種能力補足到完全。

4.**涵容力**：說「涵容力」或許抽象了點，我們或許可以稱之為「開放的心態」、或「拓展關係尋求合作」、或「謙虛不自大的態度」……等等。換句話說，在自我實現的過程中，我們需要不斷地與他人保持接觸並建立關係，也需要謙虛地接納吸收各種不同的意見，更需要明白真正成熟的人生是「有時作主角、有時作配角」的人生。剛剛所介紹的三個要點雖然是比較屬於個人能力的培養；但是我們必須了解，所有的自我實現都是在現實的「關係」場域中被實踐的——我們的意志力在得到外在的鼓勵時能大幅提升；我們的創造力在相互激盪中能更形周延；我們的反省在關係中能更加清楚地看清自我。事實上，一個人最難形成的能力便是「涵容力」，大多數人所謂「美好的一天」，指的便是這一天所做所發生的事情都能按著自己的意思進行；而「美好的一生」指的便是自己夢想的實現；我們或許能快樂地與人相處、合作，但前提是這個人的價值觀與風格必須與我相容！

我們必須培養「涵容力」！尤其在這個分工愈來愈細、愈來愈注重專業的社會中，要有效地成就一件事，必須超越自己現下的格局，容納自己以外的其他意見與能力。如何培養呢？我提供三個步驟：(1)尊重別人的專業。我們必須懂得謙虛，知道我的存在是一件事可能成功的重要原因，但不是唯一的原因，在眾多環節之中，所有人都一樣重要；(2)以尋求「共識」

作為對話溝通的起點。人與人之所以無法溝通不是在於沒有共通點，而是彼此只看到差異點，並將差異點無限擴張；因此，我們必須養成一個習慣：從彼此都認同的那一點開始談起，以逐漸形成共識；(3)適當地比較別人與自己，在可能的範圍內儘量學習別人的長處以補足自己的缺點，讓自己一天天變得更完善。

　　我必須強調，在自己不斷自我實現的過程中，我們會漸漸形成自己的風格，亦即慢慢地活出真正的自我；但是真正的自我絕對是能完全適合於這個世界的、絕對能建構出「人－我」的合理關係的。我們可以這樣說：愈開放的人愈能看清自己；愈開放的人愈能超越自己。

第二節　和諧心靈的建立

　　本書的目的，便是盼望讀者能得到和諧的心靈。坊間有許多心理學的書籍與各種說法，都表明其能有效地幫助人們獲得均衡而健康的心靈，我們不質疑它們的效能，但是在本書的最後，我要介紹一個人，她給了我們另外一個方向，而我相信這個方向是正確而有效的——那個人就是德蕾莎修女。她在《一條簡單的道路》❼中為我們指出一個方向：

> 沈默的果實是祈禱
>
> 祈禱的果實是信仰
>
> 信仰的果實是愛
>
> 愛的果實是服務
>
> 服務的果實是和平

以下我們就分別加以陳述❽。

一、沈默的果實是祈禱

　　就一個現代人的生活而言，在紛亂的世界中，我們必定得找一個時間靜默沈思。早晨起床後便先給自己五分鐘沈思，想想看昨天有什麼事情未做？今天想做什麼事情？然後，向你所信仰的那個對象祈禱。因為就宗教而言──無論任何宗教──禱告是滋養靈魂重要的東西，它可以讓自己有一顆清潔純淨的心。把你今天所想要做的事告訴你所信仰的神聖者，讓祂告訴我們答案，請祂賜予我們力量再次承受世界將給予我們的一切；而當夜晚臨睡前，也讓自己有一段時間靜默，回想一下自己今天是否作完了想作的事？是否在不經意之中傷害了人？是否說了不該說的話，做了不該做的事？記下來，然後一樣禱告。向你的神明說謝謝與抱歉──謝謝祂的保佑以及支持；抱歉你的粗心及不忠實。然後請求祂給你勇氣去向人說謝謝及抱

歉。

　　另外，用你的靜默時光去思念一個人，一個你認為值得思念的人，思念他的好，思念他的笑容與悲戚，思念你與他的一切，然後為了他向你的神明禱告，求你的神明同樣眷顧他。我們應該在思念中灌注所有的愛與關懷，期盼他更好。

　　無論如何，每個人每天應該花至少五分鐘至十分鐘靜下來思考，而且是在獨自、安靜、甚至儉樸的情形下思考、反省、立志，並交託。

二、祈禱的果實是信仰

　　人類必須承認自己終究有其限度。只要人有焦慮，便代表人有克服不掉的限制。除非人能夠真正完全不感到憂愁、無助與焦慮。但，不幸的是，這是不可能的。不僅在面對死亡時人會感覺到無助，就連面對挫折、挑戰或生活上的困頓時，都在在提醒了人的有限與不足，因此，信仰對人是必要的。

　　我們都應該找尋一個屬於自己的信仰——找尋一個值得我們獻身，值得我們關注一生的對象。怎麼找呢？順從我們靈魂的指向與力量，不要去抗拒。它將指引我們找到屬於自己的信仰。也許你現在尚未想要皈依任何宗教，也許你現在仍努力想抗拒自己認為是「非理性」的宗教意向。那就向著你心中那「未知之神」禱告，讓你自己的靈魂發聲來告訴你什麼才是你的

信仰。然後順服祂，從此投身在此信仰之中。因為信仰是開啟自己眼光的鑰匙，有了信仰，我們才有認識自己的基點；有了信仰，我們才能在死亡的背後看到生命——而且是永遠的生命；有了信仰，我們將明白自己的生命不是無目的無意義的。

我們在此鼓吹信仰，不是要大家一定要信什麼教。事實上，我認為，一個好的教徒，應該可以幫助非此宗教的信徒更像他自己的教徒。例如一個好的基督徒，應該可以幫助一個佛教徒更像一個佛教徒；可以幫助一個一貫道教徒更像一個一貫道教徒。這之中不是要自己失去信仰，而是要清楚一點：信仰使人自由。如果你願意祈禱，代表你有信仰的因子，去尋找它、珍視它、培養它，它將成為你一輩子的朋友。

三、信仰的果實是愛

今天，人類世界最大的災難不是核能危機或是愛滋病，而是人與人之間缺乏愛與關懷。醫藥能治癒肉體的疾病，而唯有愛能治癒孤寂、絕望與落寞。

你找到了禱告的對象，代表你找到了信仰；找到了自己信仰的對象，代表你將與祂建立關係。在夜晚靜默禱告中，我們若向祂道謝，代表我們知道祂愛我們；當我們向祂抱歉時，代表我們不願失去祂的愛。信仰是以「愛」作為動力的！而真正有信仰的人就知道什麼是愛以及如何去愛。

愛便是去主動建立關係。首先必須試著去接觸，打開自己的心門去探觸另一個人的心。愛代表了自己期待與某一個對象「合而為一」的所有想法與作為，並且與那個對象有分享與交流。然而若缺乏信仰的動力，往往是無法成功或長久的。因為體會到了信仰中的那份「愛」，我們所表現對人的愛才會顯得真誠而有效。

表達「愛」，便是以「大愛」來作小事 —— 任何小小的可作的事都不放過。我們要捫心自問的是：當我在做事以及與人分享時，注入了多少「愛」？我們是否真的以對方的需要為需要，而非以我的成就為需要？重點是，愛必須從「相處」、而「分享」、而「給予」。不願相處、不願傾聽分享的給予不叫愛，叫「施捨」。

四、愛的果實是服務

將「祈禱」付諸行動即是「愛」，而「愛」付諸行動即是「服務」。「愛的行動」永遠是自我實現的重要指標：今日你對人展現多少善意，那你生命的品質便會提升多少。

我們回頭來看看德蕾莎修女所建議獲得和諧心靈的整個過程：靜默→禱告→信仰→愛→服務。這是一個自我認知、自我提升與自我超越的過程。知道自己所需，知道自己的限度，然後可以尋求一個能真正幫助自己的對象，為祂獻身並依靠祂。

能有信仰，就能以愛對待所有人，善意面對所有人，並且懂得落實善意，以實際的行動來提升自己之生命品質。各宗教的教義在實踐部分莫不鼓勵人行善，莫不在服務。這不只是為了死後有更好的生活，更是為了要提升自己生命之價值。

服務有三個重點：

(1)服務的起點不是在為對方做什麼事情，而是在「相處」，是善意的先行流露。沒有一個人喜歡被施捨的感覺。

(2)服務要先從身旁的人做起。愛遠方的人很簡單，因為沒有負擔，不必管他的反應；但身旁的人就不一樣了。因為我們有時必須拉下臉，有時必須無視於剛剛發生的爭執，太熟的人反而不容易去愛去服務。

(3)服務的目的是對方的愉悅而非對方的回饋。以回饋為目的者，他的服務只能算是「交易」。

五、服務的果實是和平

每當我們和別人在分享愛的時候，我們往往會發現：和平已經來到我們的身旁。若我們是懷著喜悅與愛心來服務，別人也將回報以歡喜，至少不會回報敵意。電視廣告「認真的女人最美麗」中，那個酷酷的女生終於在男生善意幫忙撿東西的情況下綻放笑意，我們不知其結局如何，但至少我們可以感受到

其中的冰冷瓦解了。

　　我們需要的和平不是什麼世界和平，或說不是那種個人能力無法企及的和平，而是「心靈的和平」。「和平」來自「不受威脅」，而「沒有威脅」則奠基於「善意的交流」。其實人們畢生追求的不就是和平的氣氛嗎？其實這種氣氛是可以自己建立的。別人其實嗅得出你的善意、別人其實嗅得出你不具威脅性、別人其實嗅得出你渴望友誼──若他們也有此渴望時，屬於你們之間的和平世界便會形成了。

六、和諧心靈的重點

(1)獨自、安靜、甚至儉樸的情形下思考。每天至少用五分鐘思考，一年至少花個一、兩天到山林自然去自我靜修一番，滌淨自己的心緒。

(2)沈思加上行動才可能真正滌淨心靈。要獲得和諧的心靈，安靜的思考與愛心的實踐缺一不可。

(3)記得要尋求信仰，否則心靈不可能真正和諧無罣礙。

(4)建立關係，主動分享，與人交往，建構善意世界。而且是從「與人相處」開始，如此心靈才有可能真的「免於恐懼」。

(5)服務要先從身旁的人做起，而且服務的目的是對方的愉悅而非對方的回饋。

(6)不要拒絕痛苦，因爲那是成長與成熟的機會；不要好逸惡勞，因那會使人退化。

(7)體驗生活，破除成見，認眞過每一天每一刻。

(8)承認自己的無能與無力，隨時準備重新開始。

推薦書目

1.《聖經》，新舊約合和本。

2. 里奧‧巴斯卡力著，麥欣譯（1992），《追求完美的人生——邁向穩健的未來》，台北：桂冠。

3. 蘿莉‧白‧瓊斯著，蕭美惠譯 (1997.5) ，《耶穌談成功——找出最適合你的人生目標》，台北：智庫。

4. Napoleon Hill 與 W. Clement Stone 合著，劉焜輝譯（1972），《邁向成功之路》，台北：漢文。

5. Lucinda Vardey 編，高志仁、曾文儀、魏德驥等譯（1996.2），《一條簡單的道路》，台北：立緒。

註　釋

❶《聖經·路加福音》第十八章十七節。

❷請參閱蘿莉·白·瓊斯著，蕭美惠譯（1997.5），《耶穌談成功——找出最適合你的人生目標》，台北：智庫，頁40～51。

❸里奧·巴斯卡力著，麥欣譯（1992），《追求完美的人生——邁向穩健的未來》，台北：桂冠，前言部分。有關馬斯洛的相關介紹，可見本書第三章第三節。

❹見 Napoleon Hill 與 W. Clement Stone 合著，劉焜輝譯（1972），《邁向成功之路》，台北：漢文，頁22。

❺記載在《聖經·馬太福音》第四章一～十一節。

❻《聖經·羅馬書》第五章三～五節有這麼一段話：「就是在患難中，也是歡歡喜喜的。因為知道患難生忍耐、忍耐生老練、老練生盼望、盼望不至於羞恥。」其他如〈羅馬書〉八：24～25，〈加拉太〉五：22～23，都有關於「忍耐」與「盼望」的記載。

❼本書是由 Lucinda Vardey 編，高志仁、曾文儀、魏德驥等譯（1996.2），台北立緒出版社出版。它分為三部分：前言是由 Lucinda Vardey 介紹德蕾莎修女，第二部分則是將德蕾莎修女所寫的 "A Simple Pass" 加以翻譯，第三部分則是由前暨南大學校長李家同教授所著《讓高牆倒下吧》所摘錄出來。我所介紹的便是第二部分。

❽我必須強調，雖然我是以此五條原則加以陳述，但是並不完全採取德蕾莎修女的說法來解釋。

心靈哲學導論 　　　　　　　　　Cultural Map 6

著　　　者／蔡維民
出 版 者／揚智文化事業股份有限公司
發 行 人／葉忠賢
執行編輯／陳冠霈
登 記 證／局版北市業字第1117號
地　　　址／台北市新生南路三段88號5樓之6
電　　　話／（02）2366-0309　23660313
傳　　　眞／（02）2366-0310
E - m a i l／tn605547@ms6.tisnet.net.tw
網　　　址／http://www.ycrc.com.tw
郵撥帳號／14534976
戶　　　名／揚智文化事業股份有限公司
印　　　刷／偉勵彩色印刷股份有限公司
法律顧問／北辰著作權事務所　蕭雄淋律師
初版一刷／2000年11月
定　　　價／新台幣250元
I S B N／957-818-200-7

南區總經銷／昱泓圖書有限公司
地　　　址／嘉義市通化四街45號
電　　　話／（05）231-1949　231-1572
傳　　　眞／（05）231-1002

國家圖書館出版品預行編目資料

心靈哲學導論 / 蔡維民著. -- 初版. -- 臺北
市：揚智文化, 2000 [民 89]
面； 公分. -- （Cultural Map；6）
ISBN 957-818-200-7（平裝）

1. 心靈學

175.9   89013854